A história dos **transportes** no Brasil

Mariana Ferreira e Cristina Mantovani Bassi

Editora
HORIZONTE

Expediente

Coordenação Editorial
Peter Milko

Editor Executivo
Ricardo Prado

Diretora de Arte
Walkyria Garotti

Texto
Mariana Ferreira
Cristina Mantovani Bassi

Consultor
Ayrton Camargo e Silva

Chefe de Arte
Diogo Franco do Nascimento

Diagramação
Roberto Morgan Lopes

Produção Editorial e iconografia
Fabiana Nogueira

Mapas
Sírio Cançado

Fotos de capa
Trem: Arquivo/Agência Estado/AE,
Avião: Divulgação/Embraer, Navio: Arquivo/Agência
Estado/AE, Caminhão: Acervo UH/Folhapress
Estrada na contracapa: Mauricio Simonetti/Pulsar Imagens

Revisão
José Inácio Silva

Produção Gráfica
Mauro de Melo Jucá

Tratamento de Imagem
Retrato Falado

Impressão
Prol Gráfica

Patrocínio

Apoio institucional

LEI DE INCENTIVO À CULTURA
MINISTÉRIO DA CULTURA

Dados Internacionais de Catalogação na Publicação (CIP)
(Câmara Brasileira do Livro, SP, Brasil)

Ferreira, Mariana
A história do transporte no Brasil / Mariana Ferreira e Cristina Mantovani Bassi. - -
São Paulo : Editora Horizonte, 2011.

ISBN 978-85-88031-33-3

1. Transportes - Brasil 2. Transportes - Brasil - História
I. Bassi, Cristina Mantovani. II. Título

11-07740 CDD - 388.0981

Índices para catálogo sistemático:
1. Brasil : Transportes : História 388.0981

Editora
HORIZONTE

Av. Arruda Botelho, 684 - 5° andar - CEP 05466-000 - São Paulo - SP
Tel. 55 11 3022-5599 - Fax: 55 11 3022-3751-
E-mail: redacao@edhorizonte.com.br - www.edhorizonte.com.br

Um DKW, produzido pela Auto Union (futura Audi), reboca um grupo de patinadores na Pensilvânia (EUA), na década de 1950: modelo foi fabricado no Brasil pela Vemag de 1958 até 1964, quando os carros com motores de dois tempos foram substituídos pelos de quatro, mais potentes

Sumário

Brasil, Duque de Caxias (RJ), 1973: operários trabalham na linha de montagem de caminhões da Fábrica Nacional de Motores, fundada em 1942, que chegou a produzir mais de 15.000 veículos

Brasil, Resende (RJ), 2010: linha de montagem do caminhão TGX, da MAN Latin America. Unidade foi construída em 153 dias e já produziu mais de meio milhão de unidades

ROTARY LIFT
ROTARY LIFT

Da roda

à vela

A história dos transportes está ligada às grandes invenções do homem e sua habilidade em criar ferramentas, uma das principais características que o distinguem dos outros animais. Por isso, os primeiros seres humanos foram batizados de *Homo habilis*. Esse hominídeo, que viveu de 1,5 milhão a 2 milhões de anos atrás, foi o primeiro a construir e utilizar ferramentas feitas de ossos, madeira e pedra.

Um dos primeiros instrumentos criados por esse "homem habilidoso" foi a pedra lascada, provavelmente utilizada para matar animais durante a caça. Essa poderosa tecnologia foi uma das invenções pioneiras da humanidade, junto com o controle e o manejo do fogo.

Com esses dois trunfos, a espécie humana aumentou suas chances de sobrevivência. A partir do domínio do fogo, os primeiros hominídeos podiam se proteger melhor do frio, desenvolver armas, cozinhar os alimentos e, mesmo sem saber disso, produziram a centelha imprescindível nos motores de vários tipos de automóveis, que junto com o ar e o combustível, geram a combustão necessária para fazer o motor funcionar.

Mas isso só aconteceria com outro representante da espécie, o *Homo sapiens*, que surgiu há cerca de 200 mil anos, dominando outras subespécies e tornando-se o único representante dos hominídeos na face da Terra. Quando ainda descobriam os mistérios do fogo, os primeiros hominídeos eram obrigados a se deslocar a pé em busca de alimento e abrigo, como demonstram vestígios encontrados em sítios arqueológicos de antigos assentamentos na África, Europa e Ásia.

Apenas por volta de 5 mil a.C., os humanos conseguiram abandonar a vida nômade para se fixarem às margens dos rios e dos lagos e, assim, desenvolverem a agricultura e a pecuária. Foi nesse mesmo período que os animais começaram a ser utilizados para o transporte de pessoas e cargas. Os principais animais usados para esse fim foram o cavalo, o burro e o camelo.

Mosaico da Grande Caça da Villa del Casale, sítio arqueológico localizado na Itália que teria sido pintado no século 2. Os romanos deram muita importância aos meios de transporte e, com isso, dominaram a região do Mar Mediterrâneo

No período anterior ao Descobrimento do Brasil, os indígenas usavam os rios como estradas fluviais, nas quais navegavam com pirogas e jangadas (ao lado, ilustração de Vignal de 1866)

Na mesma época em que o homem abandonou o nomadismo e aprendeu a plantar, começou a usar a seu favor a força dos animais

A domesticação dos animais

O desenvolvimento da agricultura ao longo dos grandes rios do mundo – o Nilo, na África, o Tigre e o Eufrates, na Mesopotâmia, o Indo e o Amarelo (Huang He), na Ásia – ajudaria a mudar o estilo de vida do ser humano, até então baseado na caça. Quando o homem aprendeu a cuidar e manter animais domésticos, como bois e cavalos, e com o fim da era das glaciações, não precisava mais se deslocar em busca de carne e de peles, podendo completar sua alimentação com leite e, ainda, garantir a força do boi na tração do arado. Estava tudo pronto para uma das maiores invenções da humanidade: a roda.

Esse processo de domesticação parece ter sido uma ação espontânea das comunidades humanas, resultado de um conhecimento obtido pela observação do comportamento dos animais. No vale do rio Indo, no atual Paquistão, arqueólogos encontraram uma carroça de tração animal usada para transportar cargas pelos habitantes da localidade de Mohenjo-Daro, onde prosperou, no terceiro milênio antes de Cristo, uma das mais antigas civilizações conhecidas, a Indo-Sarasvati.

O transporte de carga de tração animal permitiu ao ser humano deslocar carregamentos bem maiores do que ele conseguia carregar sozinho. Mesmo depois da invenção da roda, os animais continuaram sendo usados para o transporte de cargas pesadas por longas distâncias, agora acoplados a carroças rústicas.

Café (1935), de Candido Portinari: quadro exalta a força humana, que, ao longo da história, foi sendo substituída pela força animal

A invenção da roda

De acordo com as pesquisas históricas, a roda teria surgido na Mesopotâmia por volta de 3200 a.C. Essa invenção incrível, desenvolvida simultaneamente por vários povos, deu ao homem mobilidade, rapidez e facilitou enormemente o transporte de fardos pesados. A primeira roda era sólida, como a de um carro estampado no Estandarte de Ur, carregado nas procissões dos sumérios em 2500 a.C. Nele pode-se observar as rodas formadas de duas peças de madeira, com um espaço circular no centro, por onde passava um eixo fixo. Foi a invenção da roda e a domesticação dos animais que tornou possível o transporte de materiais pesados por longas distâncias.

O acréscimo de força e rapidez que os animais e a roda proporcionavam foram usados também, muitas vezes, como arma. Atrelados aos carros de guerra, os cavalos assírios compunham, com o condutor e o arqueiro, uma força contra a qual as infantarias inimigas quase nada podiam. Com esse trunfo, a Assíria ultrapassou os limites de seus vales e dominou a Mesopotâmia inteira.

Outros grandes exércitos do segundo milênio antes de Cristo – como os egípcios, os hititas da Anatólia, os arianos da Índia e os micênicos da Grécia – usavam carros de guerra como a biga, veículo de duas rodas puxado por fortes cavalos. Esse meio de transporte viajava muito mais rápido que soldados a pé. Em vez de rodas maciças de madeira, a biga utilizava rodas raiadas, que eram muito mais leves.

Estandarte de Ur, uma das mais antigas representações da roda: segundo os estudiosos, é possível que a roda tenha surgido da observação de um tronco de árvore rolante

Os romanos utilizavam pedras em suas vias como calçamento, da mesma forma que diversas cidades coloniais do Brasil, como Paraty, no Rio de Janeiro (acima)

Para quem não era guerreiro, a possibilidade de se deslocar com peso permitiu e incentivou o comércio, que, por sua vez, fez nascer as primeiras vilas e cidades e, com elas, a vida em sociedade. Aos poucos, foi surgindo uma rede de comércio intenso que levou as pessoas a viajarem mais longe de suas terras conhecidas, em busca de novos mercados.

Os caminhos de Roma

No mundo antigo, o sistema de estradas desenvolvido pelos romanos, inicialmente para a conquista da Itália e, depois, para a expansão territorial além dos limites da Itália, foi fundamental para a consolidação e manutenção do Império Romano, que durou de 27 a.C. ao século 5 da era cristã.

Graças aos mensageiros que viajavam em carros tracionados por animais ou em barcos, Roma criou uma rede de comunicação que uniu suas diversas cidades-estado espalhadas desde a Grã-Bretanha ao sistema do rio Tigre-Eufrates e, ainda, do rio Danúbio à Espanha e África do Norte.

Ao todo, os romanos construíram 80.000 quilômetros de estradas, projetadas para o transporte relativamente rápido e adaptado a diversas funções: comércio, agricultura, correio, tráfego de pedestres e os tão necessários movimentos militares que garantiram, ao longo de mais de cinco séculos, o domínio romano em boa parte da Europa.

Linha do tempo: da roda à vela

600.000 a.C. – Sinais de fogo

A primeira evidência do fogo vem da China

3.200 a.C. – Surge a roda

A roda é inventada na Mesopotâmia

2.000 a.C.

Carros de guerra

Na Mesopotâmia, as bigas tornaram-se uma poderosa máquina de guerra

1.750 a.C.

Alfabeto

Os fenícios produziram o primeiro alfabeto com 22 letras

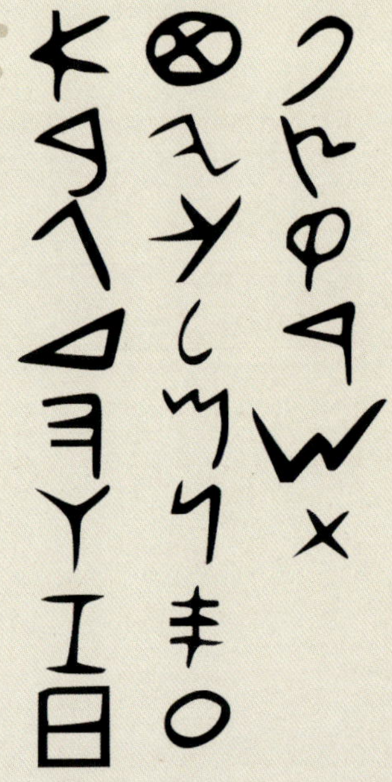

A aventura das navegações

Após o período das grandes conquistas terrestres, facilitadas pela invenção da roda, o ser humano se lançou ao mar para alargar os seus horizontes.

A primeira embarcação foi construída pelos fenícios, que ocupavam a área que se estende do Líbano ao norte de Israel, há aproximadamente quatro mil anos antes de Cristo. Seus barcos tinham 60 metros de comprimento e uma única vela. Quando o vento cessava ou quando era preciso ganhar mais velocidade, os 200 remadores a bordo entravam em ação. Junto com os polinésios, os fenícios foram os primeiros a navegar sem enxergar marcos na terra para se guiar e a usar as estrelas para definir o curso.

Marcas de ocorrência da navegação foram encontradas pelos arqueólogos em várias regiões do mundo. Sabe-se, por exemplo, que os romanos utilizavam barcos que usavam o vento a favor enquanto que os vikings, civilização originária da região da Escandinávia, utilizavam vela quadrada ou triangular, de acordo com as condições do mar. No fim da Idade Média, a vela de formato triangular, chamada latina, foi utilizada pelos genoveses no comércio com Bizâncio, cidade da Grécia Antiga.

Do século 14 ao 18, o comércio europeu ganhou proporções globais. Nas cidades a população crescia. Os ricos comerciantes de cidades portuárias como Gênova e Veneza patrocinavam viagens

Mapa de Henricus Martellus, produzido entre 1489 e 1496: em menos de 200 anos, a partir do século 14, o crescente número de embarcações a vela levou a uma expansão do comércio mundial

700 a.C.

Barco a remo

Os primeiros barcos movidos a remo, criados por fenícios e gregos, navegavam perto da terra e encontravam o seu caminho seguindo os pontos reconhecidos no litoral.

550-510 a.C.

Mapa

Os antigos gregos foram os primeiros a desenhar mapas de viagens de longas distâncias

500 a.C. - 100

Barcos gregos e romanos

Há mais de dez mil anos navegando, os gregos criam uma das tradições marítimas mais fortes do mundo

450 a.C.

Ábaco

Dispositivo de cálculo que está em uso desde 450 a.C. na região mediterrânea, o ábaco foi inventado na Mesopotâmia, sendo um importante instrumento de comércio

Ilustração das caravelas da esquadra de Pedro Álvares Cabral que seguiram para as Índias; uma delas retornaria a Portugal, dando notícias do descobrimento do Brasil

marítimas arriscadas para ampliar seus negócios. Essas viagens estabeleceram as bases da navegação mundial, quebrando a secular rota de comércio no Mar Mediterrâneo.

Situado na convergência entre o Mar Mediterrâneo e o Oceano Atlântico, Portugal possuía situação privilegiada para fazer a fusão dos vários conhecimentos disseminados pelos árabes na região em uma teoria geral e unificada sobre a navegação, materializando esses conhecimentos na Escola de Sagres.

Os portugueses iniciaram sua aventura marítima pela conquista de Ceuta, cidade comercial árabe situada no norte da África, em 1415. Em seguida, conquistaram a Ilha da Madeira, os Açores e as Canárias. E, alguns anos antes de cruzarem o Oceano Atlântico, contornaram a África, chegando ao Oceano Índico. O caminho marítimo para a terra das ricas especiarias estava aberto.

A chegada ao Novo Mundo

No século 16, o ser humano atravessou os oceanos. A bordo de três caravelas – *Pinta, Niña* e *Santa Maria* –, nove naus e uma naveta, os navegadores espanhóis, liderados pelo genovês Cristóvão Colombo, tocariam, pela primeira vez, em 1498, o continente americano. Dois anos mais tarde, 13 caravelas, da esquadra do

Linha do tempo: da roda à vela

200
Primeiros patins

Especialistas acreditam que os primeiros patins foram feitos com lascas de osso fixadas em botas para deslizarem no gelo

700 – Passeios a cavalo

A domesticação de cavalos e burros aconteceu cerca de 6.000 anos atrás, mas os passeios a cavalo só se tornaram comuns no século 8, com a invenção da sela e dos estribos

1271
Marco Polo na China

Marco Polo, mercador veneziano e aventureiro, viajou da Europa para a Ásia entre 1271 e 1295

1498
As grandes navegações

O desenvolvimento de novos instrumentos de navegação, tais como a bússola, o quadrante, o astrolábio e o velocímetro, deram confiança aos navegadores para embarcarem em longas viagens

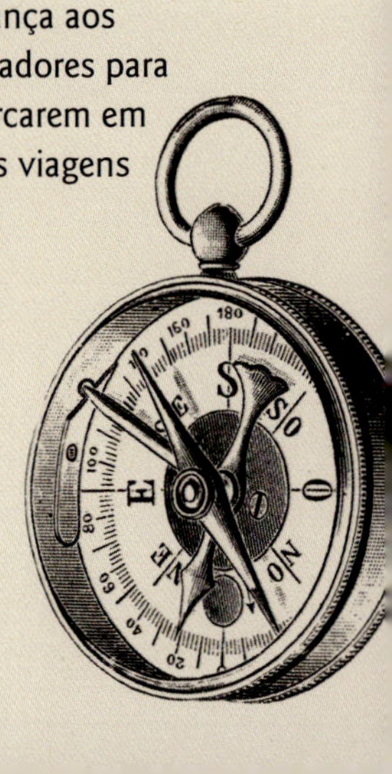

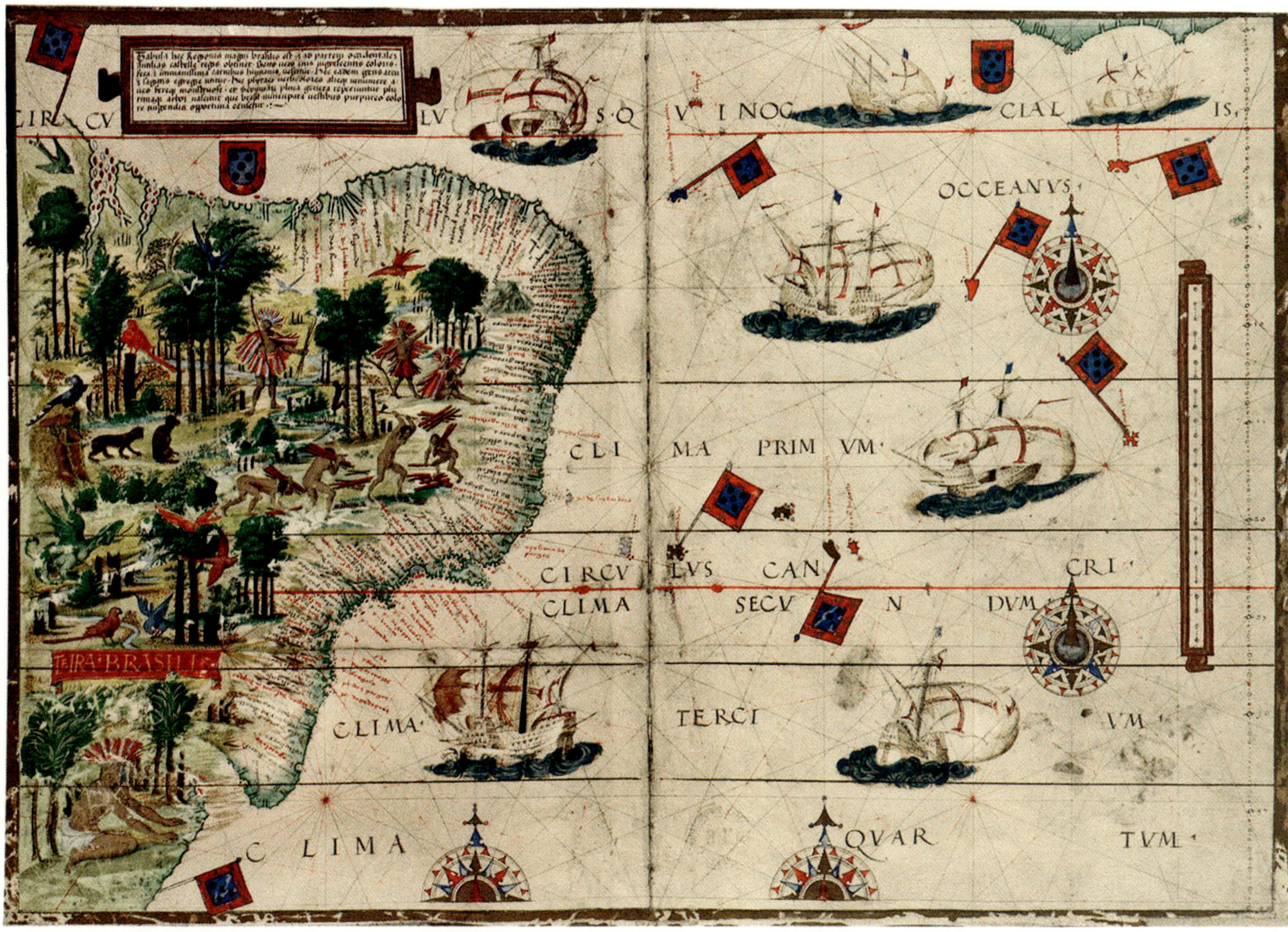

comandante português Pedro Álvares Cabral, alcançariam as terras localizadas ao sul da linha do Equador, no Brasil. Chegaram em 1500, trazendo animais de carga e de transporte, cana-de-açúcar, frutas e plantas da África e da Ásia e, é claro, as primeiras rodas.

Com cerca de 22 metros de comprimento e 8 metros de largura, a caravela foi a principal invenção dos portugueses na arte da navegação. Os cascos esguios e as velas triangulares, atadas a um, dois ou até três mastros, possibilitavam navegar contra o vento com mais facilidade e rapidez e o calado pequeno permitia maior aproximação com a terra firme, facilitando embarques e desembarques.

Além dos avanços tecnológicos nas embarcações, instrumentos como a bússola, o astrolábio e o quadrante tornaram possíveis as grandes navegações. A bússola, inventada pelos chineses e aperfeiçoada pelos árabes, indicava o rumo das embarcações por meio de variação de uma agulha imantada que sempre apontava para o norte. O astrolábio informava a distância entre o ponto de partida e o local onde se encontrava a embarcação, e o quadrante informava a latitude.

Ao contrário dos espanhóis, os portugueses não encontraram ouro e prata no Novo Mundo – pelo menos nos primeiros séculos de colonização. O pau-brasil, árvore da qual se extraía uma tinta vermelha, seria o único bem de valor que despertaria um relativo interesse no império. No entanto, o comércio dessa madeira não chegava a se comparar com o comércio com o Oriente.

Mapa da costa brasileira de 1519 mostra o escambo de pau-brasil: Portugal teve papel destacado na expansão ultramarina

Mar portuguez
Ó mar salgado, quanto do teu sal
São lágrimas de Portugal!
Por te cruzarmos, quantas mães choraram,
Quantos filhos em vão resaram!
Quantas noivas ficaram por casar
Para que fosses nosso, ó mar!

Valeu a pena? Tudo vale a pena
Se a alma não é pequena.
*Quem quere passar além do Bojador**
Tem que passar além da dor.
Deus ao mar o perigo e o abysmo deu,
Mas nelle é que espelhou o céu.

PESSOA, Fernando. Obra poética. 3. Ed. Rio de Janeiro: Aguilar, 1997.
*Bojador: cabo da costa africana localizado no atual Marrocos

A força das

invenções

Revolução Industrial é como se denomina o conjunto de transformações sociais e econômicas que tiveram início na Inglaterra na segunda metade do século 18, que se espalhou ao longo do século 19 pela Europa e América do Norte. A invenção da máquina a vapor, e sua posterior aplicação à indústria e aos transportes, foi um momento importante dentro dessa drástica alteração da economia, dada a grande ruptura que provocou nos modos de produção.

Com o surgimento das primeiras máquinas criadas a partir da Revolução Industrial, a atividade produtiva deixou de ser artesanal e manual, e, em vez de acontecer nas oficinas ou nas casas dos próprios artesãos, passou a ser realizada nas fábricas, que pertenciam aos donos dos meios de produção, que investiam nas máquinas.

Esse processo de mecanização alterou profundamente o trabalho humano no setor agrícola e na indústria incipiente, e elevou o capitalismo ao sistema econômico dominante, graças a uma combinação de acumulação de capital, grande oferta de mão de obra e uma série de inovações tecnológicas. Esse clima de transformações socioeconômicas gerou um ambiente propício para uma série de invenções, entre elas a máquina a vapor.

Em 1712, Thomas Newcomen construiu a máquina movida pelo vapor da água produzido por uma caldeira aquecida com carvão. A máquina de Newcomen era bastante primitiva, mas muito mais rápida do que o bombeamento manual ou pelo sistema de baldes movidos por cavalos utilizado para remover a água que se acumulava no fundo das minas de carvão, à medida que as escavações se aprofundavam.

Assim, a máquina a vapor possibilitou a superação dos limites alcançados pela mineração e, com isso, elevou a produção de carvão ao ritmo necessário para acompanhar o desenvolvimento industrial da época.

Modelo da máquina a vapor de Thomas Newcomen

1. Cisterna: armazena a água que será usada para condensar o vapor sob o pistão
2. Bomba: o peso da bomba puxa o pistão para cima depois que ele bate embaixo
3. O peso do ar força o pistão para baixo, quando o vapor condensa por causa da injeção de água fria
4. Torneira A: abre depois que o pistão bate em cima para jogar água abaixo dele
5. Torneira B: abre quando o pistão está quase embaixo para injetar o vapor da caldeira que vai fazê-lo subir
6. Bomba para encher a cisterna
7. Pistão

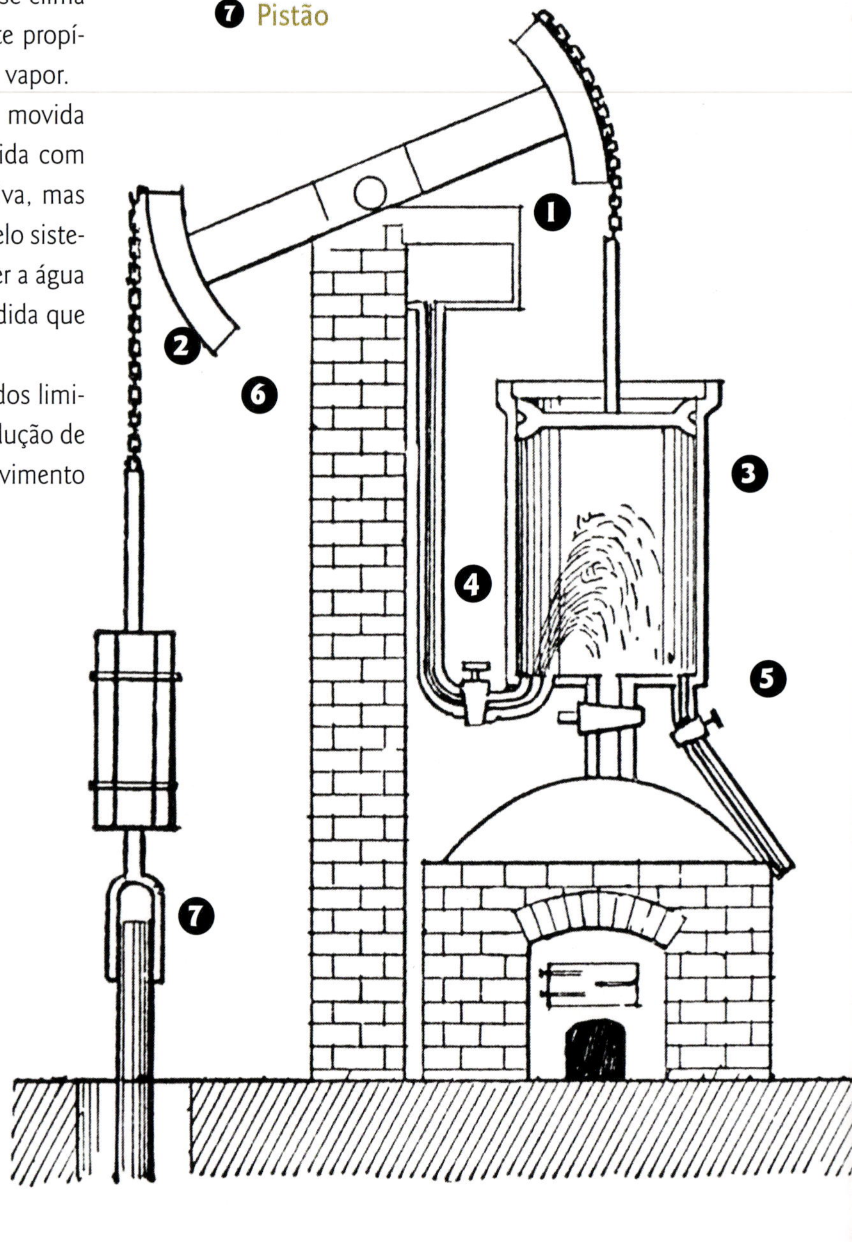

←← Máquina a vapor de James Watt: primeiro foi usada para movimentar as máquinas das fábricas e, depois, também as locomotivas

← Thomas Newcomen usou a força do vapor para remover água das minas de carvão

James Watt (1736-1819), engenheiro escocês e mecânico, estudando o funcionamento da máquina a vapor de Newcomen, em gravura de 1866

Em 1757, um motor criado por Newcomen foi consertado na Universidade de Glasgow por um fabricante de instrumentos de medição chamado James Watt, que já estudava o modelo havia tempos. Watt percebera que a perda de grandes quantidades de calor era o principal defeito do engenho de Newcomen. Para melhorar o desempenho da máquina, ele projetou uma câmara de condensação separada para o motor a vapor, o que impediu as enormes perdas de vapor.

Sem apresentar perdas significativas de vapor, a máquina criada por Watt passou a ser a força motriz de várias indústrias da época, e pode ser tomada como um símbolo da Revolução Industrial, perfeita tradução do processo tecnológico, econômico e social que vinha se processando na Europa desde a Baixa Idade Média, especialmente na Inglaterra.

George Stephenson (*acima*) projetou e construiu a locomotiva Rocket (*abaixo*), que atingia a inacreditável velocidade de 30 km/h! Uma réplica pode ser vista no Museu de Ciências de Londres

As locomotivas a vapor

Nessa época do século 19, os empresários ingleses enfrentavam um grande problema. Donos do maior parque industrial do mundo, precisavam encontrar uma maneira de escoar rapidamente o crescente volume de mercadorias para os mercados consumidores dentro e fora da Inglaterra.

Na esperança de encontrar uma saída, apoiaram os empreendimentos de George Stephenson, criador da locomotiva batizada de Blucher, em 1814, destinada ao transporte dos materiais da mina, capaz de puxar uma carga de 30 toneladas à velocidade de 6 quilômetros por hora. Em 1829, quando Stephenson foi chamado para construir a linha férrea entre Liverpool e Manchester, a locomotiva que usou, Rocket, já atingia velocidades de até 30 km/hora.

Tanto quanto a máquina a vapor que a puxa, a composição ferroviária teve enorme importância na Revolução Industrial. Contar com vários vagões interligados e capazes de se movimentarem sobre uma linha ou trilho, seguindo uma rota em datas planejadas previamente, garantiu o deslocamento rápido e eficaz, tanto de matérias-primas para as fábricas quanto dos produtos acabados para os portos, de onde seriam exportados. Se Watt ofereceu a base para a mecanização de toda a indústria, o motor a vapor revolucionaria os transportes na época.

Com o surgimento das primeiras estradas de ferro, os agricultores de regiões mais distantes podiam enviar suas safras para longe, sem o risco de verem seu produto degradado. A velocidade trazida pela ferrovia dinamizou o ciclo produtivo e de consumo. À medida que a mercadoria começou a chegar mais rápido no centro consumidor, o dinheiro também passou a circular mais rapidamente pela economia do país, propiciando o surgimento do Império Britânico, que viveria seu auge no século 19.

Ao redor das estações ferroviárias brotavam cidades em que antes nada existia. A construção das linhas ferroviárias empregou milhares de pessoas, incentivou muita migração e muita imigração, o ir e vir de muita gente, de mercadorias e de culturas. Enfim, trouxe o progresso.

A locomotiva chega ao Brasil

Em 1835, o regente Diogo Antônio Feijó promulgou uma lei que concedia privilégios a quem construísse uma estrada de ferro ligando Rio de Janeiro, Minas Gerais, Rio Grande do Sul e Bahia. Não encontrou nenhum interessado na proposta.

O trem chegaria ao Brasil quase duas décadas mais tarde, pelas mãos de Irineu Evangelista de Sousa, um dinâmico empresário que instalou um cabo submarino telegráfico entre a América do Sul e a Europa, explorou o rio Amazonas com navios a vapor, implantou a primeira fundição de ferro e o primeiro estaleiro no país, iluminou a cidade do Rio de Janeiro com iluminação a gás, entre outros investimentos em infraestrutura.

O funcionamento de uma locomotiva a vapor

O diagrama mostra os principais componentes do motor característico de uma locomotiva a vapor.
A válvula corrediça permite que o vapor em alta pressão (*cor vermelha na figura*) entre no cilindro e empurre o pistão, expulsando o ar gasto (*cor azul na figura*).
O vapor é simplesmente expelido para a atmosfera. Vem daí o delicioso "tchu-tchu" da locomotiva, provocado pelo vapor que escapa quando a válvula abre o cilindro para liberar a descarga. Quando o trem dá partida, o pistão se move muito lentamente, mas quando o trem começa a andar o pistão ganha velocidade. O efeito disto é o som ritmado que se ouve quando o trem começa a se mover.

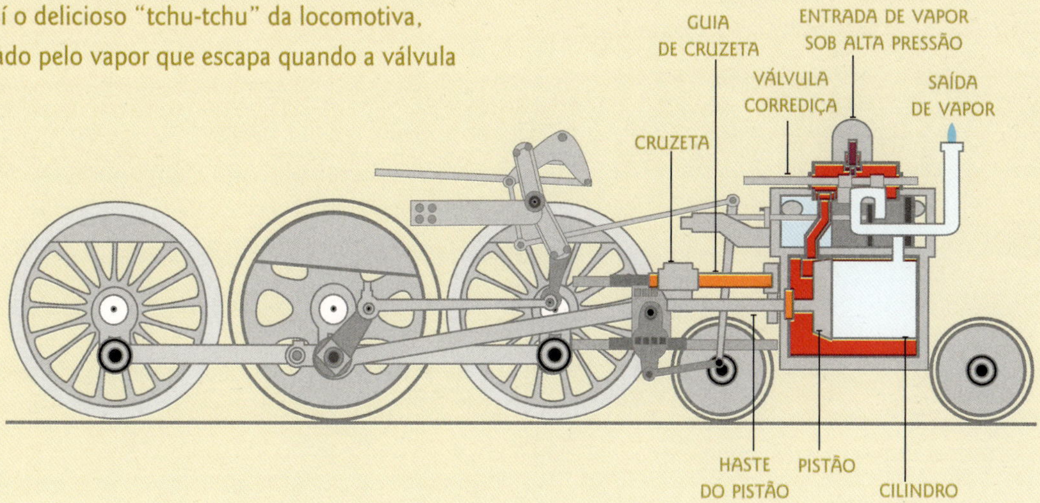

Principal representante dos primórdios do capitalismo na América do Sul, Irineu adotou em suas empresas, em pleno Império, os recursos e maquinários aplicados na Europa e nos Estados Unidos. Para que a região cafeicultora do vale do rio Paraíba e de Minas Gerais escoasse a produção para o porto do Rio de Janeiro, Irineu conseguiu a concessão para construir o primeiro trecho de linha férrea do Brasil, entre o porto de Mauá, na Baía de Guanabara, e a estação de Fragoso, na raiz da serra da Estrela, em Petrópolis, na então Província do Rio de Janeiro.

A inauguração se deu a 30 de abril de 1854. Nessa data, a locomotiva do primeiro trem a circular no país percorreu, em 23 minutos, os 14 quilômetros de ferrovia e Irineu Evangelista de Souza recebeu do imperador, dom Pedro 2°, em reconhecimento por seus serviços à pátria, o título de Barão de Mauá.

Os primeiros veículos motorizados

No dia 31 de maio de 1879, o alemão Werner von Siemens apresentou, na Exposição Mundial de Berlim, a primeira locomotiva elétrica e, no fim do século 19, o engenheiro alemão Rudolf Diesel inventou o motor de injeção a diesel ***(box ao lado)***. Assim, foram criadas locomotivas versáteis, que utilizavam os dois combustíveis

A invenção de Diesel

O Grupo MAN, fundado em 1758 na Alemanha, teve um papel importante no desenvolvimento do motor a diesel. Foi nas dependências da empresa que o engenheiro mecânico Rudolf Christian Karl Diesel criou, em 1897, o primeiro motor a combustão interna. Sua invenção explorava os efeitos da reação química natural de explosão que acontece quando algum tipo de óleo é misturado ao oxigênio em ambiente fechado, popularmente conhecido como motor de combustão à compressão. Essa explosão controlada faz movimentar os pistões, gerando o movimento. Graças à sua simplicidade e enorme aplicação, o motor de combustão por compressão ganharia o mundo em locomotivas, navios e caminhões, que passaram a rodar com o denso óleo obtido do primeiro refino do petróleo. Em homenagem ao inventor, a mistura ganhou o nome de diesel.

Em 1913, Henry Ford idealizou esteiras nas quais o Modelo T deslizava diante dos operário, criando a linha de montagem, que traria grande produtividade ao setor

(eletricidade e diesel). Esses dois modelos, no entanto, só suplantariam as máquinas a vapor cerca de um século depois. No auge da tecnologia a vapor, as locomotivas conseguiam atingir 220 quilômetros por hora.

O automóvel pode ser considerado a concretização de sucessivos e graduais movimentos em direção ao desejo de viajar de forma rápida, privada, cômoda e sem esforço. Desde que Nicolas Cugnot criou, em 1771, o primeiro veículo autopropulsionado do mundo, movido a vapor, até Henry Ford produzir, em 1908, o primeiro automóvel do mundo em uma linha de montagem a preços acessíveis para o cidadão comum, o Ford T, é incrível o número de invenções, de respostas e de possibilidades encontradas pelo homem para alcançar seu objetivo.

Tão interessante quanto acompanhar as soluções que o homem foi encontrando para substituir a tração animal por um veículo motorizado é observar como essa nova forma de transporte exigiu que a sociedade se educasse para conviver com ela.

A substituição das próprias pernas pela força animal já foi uma mudança incrível que a humanidade proporcionou à sua condição natural de força e velocidade. A substituição da tração animal pelo veículo automotor representaria alteração ainda mais radical, que mexeu com a percepção de distância, de tempo e de velocidade.

Na Inglaterra, por exemplo, até 1896, uma lei, chamada Red Flag Act, obrigava um homem a andar à frente de um automóvel com uma bandeira vermelha para alertar os pedestres. Já a Organização Mundial

Das invenções artesanais ao carro popular

1771
FARDIER DE CUGNOT

Precursora do automóvel, a criação do militar francês Nicolas Joseph Cugnot data de 1771. Movida a vapor, alcançava 4 km/h. Cugnot protagonizaria o primeiro acidente da história do automóvel, chocando-se contra o muro do quartel em que servia como engenheiro militar

1803
THREVITHICK'S LONDON STEAM CARRIAGE

Este veículo com motor a vapor, fabricado em 1803, chegava aos 13 km/h. Foi desenvolvido pelo inglês Richard Threvithick Junior

1886
BENZ

Criado em 1886, na Alemanha, o triciclo de Carl Benz era movido a gasolina

1886
VICTORIA DAIMLER

Sem se conhecerem, ao mesmo tempo em que Benz criava seu triciclo, Gottlieb Daimler trabalhava em seu automóvel, o Victoria

1892
OMNIBUS SCOTTE

O ônibus a vapor, da empresa francesa Scotte, com motor dianteiro e tração traseira, participou da prova Paris-Rouen

de Medicina de Paris alertava, em 1899, que uma velocidade acima de 40 km/h poderia ocasionar a morte instantânea do piloto!

O automóvel entre nós

No Brasil, o processo de urbanização se intensificou com a chegada de dom João 6º, em 1808. Antes disso, as estradas não passavam de trilhas destinadas ao trânsito de animais. Porém, a família real e os membros da nobreza, aproximadamente 15 mil pessoas, traziam na bagagem, entre outras modernidades da corte, um número considerável de veículos de transporte terrestre.

Ao longo dos séculos 19 e 20 conviveram os mais diferentes recursos e tecnologia no país. Para se ter uma ideia, a cadeira de arruar, meio de transporte do século 18, que consistia em uma cadeira adaptada para ser carregada por dois escravos, ainda era um recurso nos meios rurais no século 20, tanto quanto as liteiras de tração animal, com espaço interno para duas pessoas.

Pelo menos até 1923, os veículos automotores então existentes no país destinavam-se quase que exclusivamente aos transportes urbanos, pois praticamente não existiam estradas de rodagem. Em 1908 foi feita a primeira grande viagem de automóvel no Brasil, entre Rio de Janeiro e São Paulo. Uma verdadeira odisseia, na qual o automóvel precisou ser rebocado por juntas de boi em alguns trechos do trajeto.

Com carroceria de madeira e cabine isolada, o Protos *(acima)* era fabricado sob encomenda entre 1905 e 1908

1892
PEUGEOT T4 "BET DE TUNIS"

Inspirado por Daimler e Benz, Armand Peugeot construiu o seu Type 4, com motor fornecido pela Daimler

1900
ELEKTROMOBIL LONNER-PORSCHE

Em 1900, o fabricante de carroças Ludwig Lohner produziu este carro elétrico com um jovem chamado Ferdinand Posche, que 30 anos depois criaria o Volkswagem

1904
ROLLS-ROYCE

Foram produzidas 16 unidades entre 1904 e 1907. Criado por dois aristocratas ingleses, Frederick Henry Royce e Charles Stewart Rolls, enquanto Royce desenvolvia os carros, Rolls tratava de vendê-los. Rolls e Royce foram os primeiros a produzir carros personalizados, em edições limitadas

1935
FUSCA

A partir da década de 1930, Ferdinand Porsche concebeu o Volkswagen ("carro do povo", em alemão), uma proposta de veículo popular, robusto e econômico, com inédita motorização traseira, programado para levar dois adultos e três crianças atrás – uma típica família alemã

O Demoiselle, criado por Santos-Dumont, foi o mais barato e bem-sucedido projeto de avião do inventor brasileiro. Pesando apenas 56 quilos, é considerado o primeiro ultraleve do mundo

Angustiado pelo uso bélico de sua invenção na Revolução de 32, Santos-Dumont se suicidaria naquele ano

A última fronteira: o céu

Ainda que a história do homem esteja pontuada de inventores do porte de Leonardo da Vinci, que dedicaram seu tempo e atenção ao sonho de fazer o homem voar, pode-se pensar a aviação a partir de um marco do início do século 20: os aparelhos mais pesados que o ar, denominação usada para diferenciá-los dos balões a gás.

Ao contrário dos balões, os mais pesados precisavam de um meio mecânico de sustentação, para se elevarem por seus próprios recursos. Santos-Dumont foi o primeiro aeronauta a demonstrar a viabilidade dessa pretensão. O voo do 14-Bis em torno da Torre Eiffel, em 23 de outubro de 1906, na presença de inúmeras testemunhas parisienses, constituiu-se em um marco na história da aviação. O 14-Bis foi o primeiro avião a voar no mundo com autopropulsão, ou seja, não catapultado. Na mesma época, nos Estados Unidos, os irmãos Wright alegam que já haviam realizados voos maiores antes de 1906, sem público nem testemunhas, e catapultados. Embora consagrado na França e em boa parte do mundo, Santos-Dumont não encontra reconhecimento nos Estados Unidos como "pai da aviação". O crédito lá vai para os irmãos Wright.

Entre 1907 e 1910, Santos-Dumont realizaria ainda inúmeros voos com o monoplano Demoiselle. Patrono da Aeronáutica e da Força Aérea Brasileira, o ilustre brasileiro suicidou-se em 1932, angustiado com o fato de sua invenção ter se transformado em arma de guerra durante o conflito entre o estado de São Paulo e o governo central na Revolução Constitucionalista.

Na Primeira Guerra Mundial, tal como ocorrera com as bigas dos mesopotâmios, os homens transformaram os aviões em armas poderosas. A guerra não só fez crescer a produção de aeronaves, mas incentivou um incrível avanço tecnológico. Quando a Primeira Guerra Mundial eclodiu, em agosto de 1914, a França não chegava a ter 140 aeronaves. Ao fim dela, o exército francês fabricara nada menos que 68.000 aviões!

No fim da guerra, havia aviões desenhados para desempenharem tarefas específicas, por exemplo, rapidez e boa capacidade de manobra, como o caça Sesa. Essa característica de ser facilmente manobrável foi uma adaptação à falta de pilotos treinados. Naquela época, o exército enviava um piloto da RAF (Royal Air Force, a força aérea britânica) para combate com apenas três horas e meia de treinamento em voo real. Assim, a estabilidade, principal característica dos aviões até aquele momento, cedeu lugar à manobrabilidade, efeito capaz de garantir a agilidade que poderia significar a diferença entre vida e morte.

Se, em 1914, poucos generais viam no avião mais do que uma ferramenta para missões de observação e reconhecimento, ao fim do conflito estava claro que a nova força faria parte da máquina de guerra de qualquer país. Embora o aeroplano não tenha desenvolvido o mesmo papel decisivo que teria nos conflitos subsequentes, foi na Primeira Guerra Mundial que ele provou seu potencial.

A Primeira Guerra Mundial revelaria o potencial bélico dos aviões e daria fama a pilotos audazes, como o Barão Vermelho, vencedor de mais de 80 batalhas aéreas

Fantásticas máquinas voadoras

Os balões dirigíveis eram fabricados desde o fim do século 19, mas foi durante a Primeira Guerra Mundial que o mundo assistiu ao apogeu e ao fim desse veículo aéreo. Em meados da década de 1930, os modelos fabricados pelo conde Ferdinand von Zeppelin, Graf Zepellin LZ127 e Hindenburg, esta até hoje a maior máquina voadora já construída pelo homem, fizeram várias viagens transcontinentais, entre elas de Frankfurt até o Rio de Janeiro (*ao lado*), com escala em Recife. Usado principalmente pela Marinha alemã na Primeira Guerra, os Luftschiff ("barcos voadores"), aterrorizaram os ingleses com bombardeios. Os dirigíveis voavam a grandes altitudes e nenhum avião da época conseguia atingi-los. Essas máquinas perderam a invulnerabilidade somente quando foram desenvolvidos projéteis de metralhadora revestidos de fósforo incendiário.

O transporte

ferroviário

No decorrer do século 19 as vias férreas representaram um componente estratégico na consolidação da Revolução Industrial. Espalharam-se rapidamente por toda a Europa, ligando as indústrias aos locais em que se encontrava a matéria-prima, facilitando o escoamento da produção do interior para as áreas portuárias e viabilizando a circulação de mercadorias em volume e tempo insuperáveis para a época.

As ferrovias promoveram a integração dos países. Permitiram que rincões esquecidos fizessem contato com as cidades. Centralizaram a vida de diversas regiões. Estimularam o comércio e criaram oportunidades de emprego, trazendo consigo o desenvolvimento.

Por isso, foram tão fundamentais na ocupação e na dinamização econômica em tantos lugares do mundo. A importância econômica, social e cultural das ferrovias provém da incrível capacidade desse meio de transporte de estabelecer conexões regionais e internacionais e de colocar em movimento cargas e passageiros.

Ao viabilizar a realização de elos comerciais entre territórios distantes, as grandes ferrovias do mundo tornaram-se referências culturais. A ampliação dos limites geográficos que as estradas de ferro proporcionaram à humanidade disseminou a cultura e o comércio favoreceu o contato interpessoal.

A arquitetura das estações construídas até os anos 1950, desde as mais suntuosas até as mais simples, gerou construções bonitas, que exalam a cultura da época em que surgiram.

⬅⬅ Estação de trem em Paris, em foto sem data. A Société Nationale des Chemins de Fer Français (SNCF) foi criada em 1937 com a nacionalização das cinco principais ferrovias privadas do país

➡⬇ Estação da Luz, São Paulo: a cobertura metálica da plataforma da estação, inaugurada em 1901, foi feita na Inglaterra e montada, peça a peça, no Brasil

Surge o trem de passageiros

A locomotiva a vapor foi, inicialmente, idealizada para transportar carga. A primeira vez que levou passageiros foi em 1825. O trem pioneiro movimentou 21 carros, sendo que os 12 primeiros seguiam abarrotados de carvão e sacos de farinha. Engatados em sequência, vinham os vagões com lugares preparados para acomodar 300 passageiros, dentre os quais os diretores e proprietários da Companhia de Estradas de Ferro Stockton-Darlington. Entraram mais de 500 pessoas, que, sentadas ou em pé, inauguraram festivamente uma nova forma de transporte coletivo.

Decadência das ferrovias

No Brasil, entre 1940 e 1960, as ferrovias de passageiros foram desativadas porque os governadores passaram a investir em rodovias paralelas ao trajeto das linhas férreas, incentivados pelo governo federal, que escolhera a modalidade rodoviária como um atalho para o crescimento econômico do país na década de 1950. A produção de automóveis e a construção de estradas eram vistas como a opção de transporte mais adequada para promover o crescimento econômico rapidamente.

De 1980 para cá permanecem ativos os trens de carga, principalmente para transporte de commodities agrícolas e de mineração, e as estações nas cidades passaram a ser usadas por trens metropolitanos ou turísticos.

O transporte de carga e as viagens diárias de passageiros passaram a ser feitos, preferencialmente, por meio de automóveis, ônibus ou aviões. Nas cidades, os bondes cederam a vez ao ônibus. O transporte de massa sobre trilhos só voltaria a ter espaço nas grandes cidades brasileiras a partir de 1974, quando entrou em operação a primeira linha do metrô de São Paulo.

Darlington, Inglaterra, setembro de 1825: o povo acolhe, em festa, a novidade sobre trilhos

Bonde elétrico

A tração elétrica foi empregada pela primeira vez, no Brasil, pela Companhia Ferro Carril do Jardim Botânico, no Rio de Janeiro, que a usou para eletrificar a sua primeira linha de bonde. O veículo foi posto em circulação no dia 8 de outubro de 1892, fazendo o trajeto entre o Teatro Lírico, no Largo da Carioca, e a rua Dois de Dezembro, no Flamengo.

Rio de Janeiro, 1943: a população se agarra como pode ao bonde urbano da linha São Januário. Uma queda poderia significar várias horas a mais de espera pelo bonde seguinte

Metrô em Buenos Aires transporta passageiros ao longo do famoso Puerto Madero e é um exemplo de VLT (veículo leve sobre trilhos)

Renovação sobre trilhos

Nas décadas de 1950 e 1960, os caminhões se mostraram aptos a vencer áreas com inclinações acentuadas e a entregar a mercadoria ao consumidor sem o alto custo do frete. Assim, tornaram-se um meio de transporte de mercadorias pesadas a curta distância mais competitivo que os trens. Esse cenário perduraria até meados da década de 1970, quando o transporte sobre trilhos sofreu uma renovação, provocada pela crise do petróleo de 1973, que elevou, da noite para o dia, o custo do transporte rodoviário, e por uma série de inovações tecnológicas no setor.

Dentre as inovações, a mais marcante foi a consolidação dos contêineres, que agilizaram e reduziram o custo do transporte de mercadorias. O sistema padronizou o tamanho e formato das cargas, permitindo carregar, descarregar, empilhar e transportar mercadorias, de forma eficiente, a longas distâncias, muitas vezes por navios porta-contentores, vias férreas e caminhões semirreboque.

No fim da década de 1970, a França resolve reintroduzir o bonde, utilizando a tecnologia desenvolvida para o metrô. Nasce o metrô leve ou VLT (Veículo Leve sobre os Trilhos), o primeiro bonde moderno. A primeira cidade francesa com sistema moderno de bonde foi Nantes.

No passado, os bondes já haviam circulado pelas ruas de Nantes, mas foram substituídos pelo ônibus na década de 1950, conside-

rado uma alternativa mais flexível. Não demorou muito para o tráfego de automóveis tornar-se intenso demais e a cidade optar pelo retorno dos bondes elétricos, só que dessa vez equipados com a tecnologia do metrô. Atualmente, os dois tipos de transportes foram integrados, sendo que o ônibus atua como alimentador do sistema de metrô leve.

O VLT tem capacidade intermediária entre o bonde e o metrô e circula em vias segregadas elevadas ou de superfície. Entre suas vantagens, estão a grande capacidade de transportar pessoas por área ocupada na via e o grau de poluição zero em relação aos veículos movidos a gasolina ou diesel. A automação possibilita maior controle dos veículos e aumento da oferta do sistema. O computador garante a distância segura entre os bondes e, quanto mais próximos, deslocando-se como carrosseis, maior a capacidade de utilização da linha.

O futuro do transporte de passageiro

Os trens de alta velocidade têm boas perspectivas de recuperarem os passageiros perdidos para outros meios de transporte nas décadas anteriores. A infraestrutura rodoviária e os aeroportos de muitos países já encontram-se no limite de sua capacidade e não se podem expandir mais. Há constrangimentos sérios à circulação, horas de rush ou mesmo paralisação provocada por excesso de veí-

Bank Station, Londres, Inglaterra: plataforma para embarque no trem rápido de transporte de passageiros

Gigantes territoriais, mas com malhas desiguais

A malha ferroviária no Brasil, China e Estados Unidos nos dias de hoje (em km)

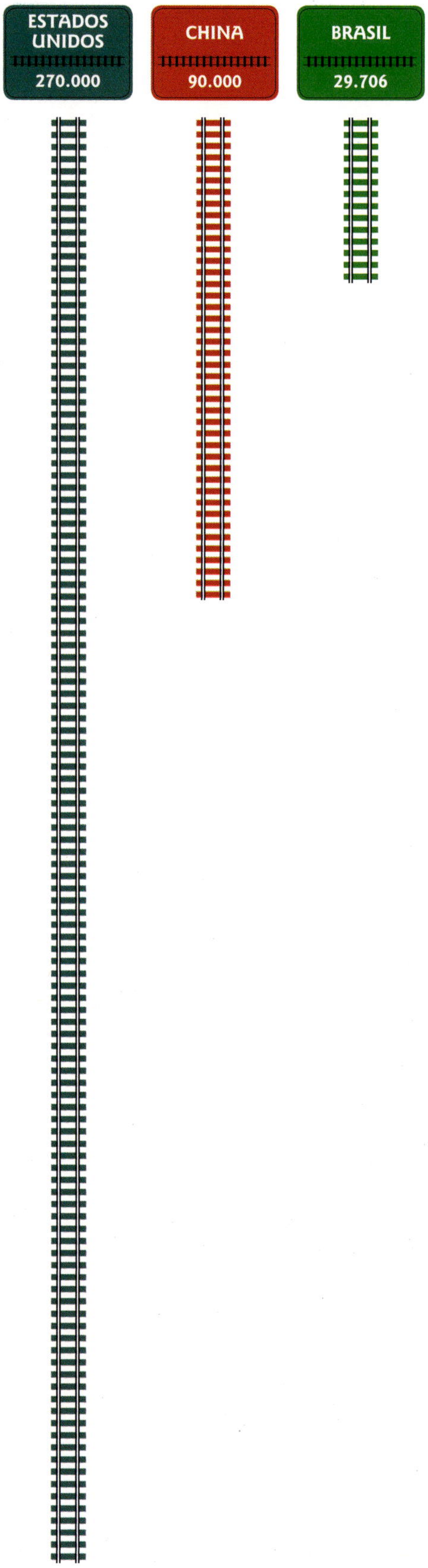

culos. Em cidades como São Paulo, por exemplo, a concentração de carros chegou a espantosos 1,7 habitante por veículo, segundo o Denatran. Os trens urbanos ofereceriam alívio à congestão dos outros sistemas.

Comparados aos automóveis, trens transportam mais passageiros, a velocidades muito maiores, com menos gasto de combustível, sem provocar congestionamento.

Em relação aos aviões, para distâncias inferiores a 650 quilômetros, considerado o processo de check-in, a passagem por todos os postos de segurança até a nave, além do deslocamento até o aeroporto, pode-se dizer que o tempo de viagem gasto no trem equipara-se ao do avião. Além disso, nas linhas ferroviárias, os horários não estão sujeitos aos caprichos das condições atmosféricas e o padrão das paradas permite inúmeras rotas.

Outra grande vantagem do transporte por linhas ferroviárias é a diversidade de opções energéticas que esse meio permite (diesel e elétrica) e estímulo que representa para o desenvolvimento das indústrias de base.

Vale ainda lembrar que, no caso específico do Brasil, as ferrovias são mesmo o meio de transporte ideal. A geografia do pais determina isso. A predominância de terrenos baixos e relativamente planos e a grande extensão territorial são perfeitos para o sistema ferroviário. Por outro lado, a exigência de investimentos pesados para criar as linhas férreas e a infraestrutura de estações de embarque faz com que esse meio de locomoção dependa de políticas públicas de transporte e planejamento de longo prazo.

A retomada do crescimento

O Brasil encontra-se em 10° lugar no ranking mundial de extensão de linhas. Seu sistema ferroviário estagnou-se depois da década de 1920, por causa da política de transportes desenvolvida no país a partir da era Vargas.

Durante o governo de Juscelino Kubitschek, na década de 1950, os investimentos voltaram-se prioritariamente para a indústria de automóveis e caminhões. Essa opção, como era de se esperar, teve como efeito colateral o envelhecimento da malha ferroviária.

Com isso, os mais de 38 mil quilômetros de ferrovias reduziram-se para pouco mais de 28 mil quilômetros, mais presentes em São Paulo e Minas Gerais, a despeito do processo de desestatização que ocorreu entre 1996 e 1999.

É verdade que, segundo os dados da ANTF (Associação Nacional de Transportadores Ferroviários), a rede brasileira cresceu 5,9 mil quilômetros de 1997 a 2010. Pelo ritmo dos investimentos feitos até o início de 2011, a entidade calcula que, até 2023, o país alcance 48,7 mil quilômetros de linhas.

Na Estrada de Ferro de Carajás transitam composições imensas, com três locomotivas e até 330 vagões para o transporte de minério de ferro até os portos de embarque

Atualmente, a malha ferroviária brasileira encontra-se, praticamente, nas mãos de três grandes grupos: a Vale, a Companhia Siderúrgica Nacional (CSN) e a América Latina Logística (ALL).

As duas primeiras – Vale e CSN – dominam praticamente metade da malha e usam-na para seus próprios negócios de mineração e siderurgia. A Vale e suas subsidiárias têm a concessão de 11,5 mil dos 28 mil quilômetros da malha ferroviária do país. Não só abrange uma longa extensão, como controla os trechos que levam aos principais portos do Brasil. Já a CSN participa da MRS Logística, que faz o eixo Rio de Janeiro-São Paulo-Minas Gerais. A Transnordestina Logística atua nos estados do Maranhão, Piauí, Ceará, Rio Grande do Norte, Paraíba, Pernambuco e Alagoas.

A maior companhia ferroviária do Brasil, ALL (América Latina Logística), controla 11,7 mil quilômetros de vias. Seu território abrange não só os estados do Rio Grande do Sul, Santa Catarina, Paraná, São Paulo, Mato Grosso e Mato Grosso do Sul, como também as regiões de Paso de los Libres, em Buenos Aires, e Mendonza, na Argentina.

A movimentação de cargas por trilhos cresceu 86% de 1997 a 2010. Em 2010, atingiu 471,1 milhões de toneladas úteis.

O trem no Brasil: das primeiras linhas aos dias de hoje

1854

A viação férrea começa, no Brasil, em 1852, pela iniciativa de Irineu Evangelista de Souza, (1813-1889), mais tarde Barão de Mauá (*ao lado*). Ele recebeu o privilégio do governo imperial para construir e explorar uma ferrovia entre a praia da Estrela, na Baía de Guanabara, e a raiz da Serra de Petrópolis. No dia 30 de abril de 1854, o imperador inaugurou a primeira seção da E. F. Mauá, com extensão de 14,5 quilômetros

1858

Inaugurada a Estrada de Ferro Dom Pedro 2°, que, mais tarde, vai se transformar na Estrada de Ferro Central do Brasil (*abaixo, quadro de Tarsila do Amaral, produzido na década de 1920, retratando a ferrovia*)

1860

É inaugurado o primeiro trecho da Bahia and São Francisco Railway

1867

São inauguradas a E.F. São Paulo-Rio de Janeiro, um prolongamento paulista da E. F. Dom Pedro 2° que liga as duas capitais, e a São Paulo Railway, que liga Santos a Jundiaí

Novas perspectivas

Segundo o novo modelo de concessões definido pela ANTT (Agência Nacional de Transportes Terrestres), as concessionárias perdem o chamado "direito de passagem", ou seja, não poderão mais impedir as outras de passarem por sua área de concessão. Outra novidade do modelo é que as concessionárias deverão estabelecer uma meta específica para cada trecho ferroviário. Hoje, elas definem uma meta genérica para toda a concessão. Isso permite cuidarem de alguns e deixarem outros abandonados.

Em 2010, o país contava com 3.130 locomotivas e 99.531 vagões. Até 2020, deve adquirir mais 2.000 locomotivas, 40 mil vagões e 1,5 milhão de toneladas de trilhos, importados principalmente do Leste Europeu e da Ásia. Dos 28 mil quilômetros de ferrovias concedidas, 18 mil estão subutilizados. Desses, 10 mil quilômetros têm apenas um trem por dia. Dos 8 mil restantes, metade está inoperante. A linha ferroviária que liga o Rio a São Paulo, por exemplo, opera com 66% de ociosidade. Se utilizada em sua plenitude, evitaria cerca de 5 mil viagens diárias de caminhões de carga. Mas a malha precisa receber investimentos para se tornar mais competitiva.

Com as metas específicas, as concessionárias serão obrigadas a negociar capacidades ociosas ou a devolver os trechos parados para nova concessão, além de garantirem a qualquer empresa o direito de utilizar a capacidade ociosa deixada pela dona da concessão e transitar pelas ferrovias com equipamento próprio.

Estacionamento de trens do metrô no bairro do Jabaquara, em São Paulo: o mais antigo do país também é o que conta com a maior rede

Central do Brasil (RJ): embrião de uma malha que cresceria no começo do século 20

1889

No ano da proclamação da República, o total de linhas construídas atingia 9.538 quilômetros

1903

Brasil e Bolívia assinam o Tratado de Petrópolis, pelo qual o Brasil se obriga a construir a E. F. Madeira-Mamoré para compensar a perda do Acre pela Bolívia. Entre cinco mil e seis mil trabalhadores morreram durante os quase dez anos de construção da ferrovia, que atingiu 366 quilômetros

1910

A partir de 1910, começa um período de grande desenvolvimento das ferrovias brasileiras, com a integração de vários estados. Entre 1911 e 1916, foram construídos 5.180 quilômetros de linhas

1935

A São Paulo Railway lança um trem com tração diesel-elétrica, o Cometa. É o início da substituição gradual do vapor

Em Campos do Jordão (SP), a centenária Maria Fumaça cruza a cidade diversas vezes ao dia, nos domingos e feriados, em um trajeto de 4 quilômetros

Trens de passageiro à vista?

Até 2010, estavam em operação regular apenas três linhas de trens de passageiros no Brasil:

- Trens da Vale – Belo Horizonte-Vitória e São Luís–Parauapebas, no sudeste do Pará. O primeiro realiza a viagem de 664 quilômetros entre Belo Horizonte e Vitória em 13 horas, aproximadamente. Já o último transporta 1.100 pessoas por dia e atende a 23 municípios no Maranhão e no Pará. Ambos possuem classes econômica e executiva, além de carro lanchonete e restaurante, no caso do trem Belo Horizonte-Vitória.
- Trens turísticos da Estrada de Ferro Campos do Jordão – trafegam em linha eletrificada que liga as cidades paulistas de Campos do Jordão e Pindamonhangaba. Há também uma Maria Fumaça em operação.
- Trens metropolitanos de algumas capitais (São Paulo, Rio, Porto Alegre, Belo Horizonte, Salvador, Recife, João Pessoa, Natal, Fortaleza e Teresina) – em 2009, a CPTM (Companhia Paulista de Trens Metropolitanos) criou o programa Expresso Turístico, que liga a capital a diversos destinos de interesse turístico. Os passeios têm duração de um dia. O projeto trouxe de volta para São Paulo os trens de longa distância. Já estão em operação os roteiros para Jundiaí, Mogi das Cruzes e Paranapiacaba. Outros roteiros, com destino a São Roque, Aparecida e Campos do Jordão estão em fase de projeto.

1957

Criação da Rede Ferroviária Federal S.A. (RFFSA). A empresa estatal chega a operar 80% do total das linhas ferroviárias do Brasil, dos quais 1.053 quilômetros eletrificados, servindo quatro das cinco regiões geográficas do país, com um total de 37 mil quilômetros de trilhos

1971

O governo de São Paulo cria a Ferrovia Paulista S.A. (Fepasa), que reúne mais de 5 mil quilômetros de trilhos no estado

FEPASA

1985

A Vale inaugura a Estrada de Ferro Carajás, que corta parte da Amazônia e liga Carajás (PA) a São Luís (MA) em um trajeto de 892 quilômetros

Metrô, a alternativa urbana

Por diversos motivos – aumento dos engarrafamentos, aquecimento global, reorganização das metrópoles e maior capacidade de financiamento e planejamento das empresas públicas e privadas envolvidas – o sistema de metrô é hoje uma das melhores alternativas para o problema de transporte nas grandes cidades brasileiras.

Em 2010, o sistema de transportes de metrô e trens metropolitanos estava presente em onze capitais: Porto Alegre, São Paulo, Rio de Janeiro, Belo Horizonte, Salvador, Recife, Fortaleza, Brasília, Natal, João Pessoa e Maceió. Em todas elas há projetos de ampliação. O metrô de São Paulo, o maior do país em operação, começou a funcionar no dia 14 de setembro de 1974. Todos os dias transporta, em média, 2,5 milhões de passageiros em seus 65 quilômetros de linhas, das 4h40 até a meia-noite. O sistema de metrô da cidade está integrado ao da CPTM (Companhia Paulista de Trens Metropolitanos). Enquanto a CPTM tem a função de transportar os passageiros para a região metropolitana, o metrô distribui os passageiros nas diversas regiões da cidade.

O primeiro serviço de metrô do mundo foi inaugurado em Londres, em 1863, com locomotivas a vapor. No mesmo século, surgiram os metrôs de Nova York, Paris, Berlim e outras capitais europeias. Na América Latina, o primeiro metrô foi o de Buenos Aires, na Argentina, que entrou em operação em 1913.

Estação do metrô em São Paulo: sistema paulistano é um dos mais densos do mundo

1989

É inaugurado o trecho inicial da Ferrovia do Aço, que criou uma nova alternativa de ligação entre Rio e Minas

1996

Começam os leilões dos 25.599 quilômetros da malha ferroviária da RFFSA previstos no Programa Nacional de Desestatização (PND), criado em 1992. O programa propicia o início da transferência das malhas ferroviárias federais para a iniciativa privada durante o período de 30 anos, prorrogáveis por mais 30. Esse processo também resultou na extinção da RFFSA, em 1999

2005

Criado o Grupo Brasil Ferrovias, uma fusão das concessionárias da antiga rede ferroviária federal que operavam nas regiões Norte e Centro-Oeste e no Estado de São Paulo. Em 2006, a empresa se une à América Latina Logística (ALL)

2010

Governo federal inicia negociações para concessão de exploração de serviços públicos de transporte ferroviário de passageiros por trens de alta velocidade na estrada de ferro que liga o Rio de Janeiro a São Paulo e Campinas. Caso seja implantado, o trem-bala fará o percurso entre as duas principais cidades do país em aproximadamente 1 hora e 15 minutos

As grandes ferrovias do mundo

Transiberiana

A rede ferroviária Transiberiana, a maior linha de trem do mundo, conecta a Rússia europeia às províncias do extremo oriente russo, Mongólia, China e o Mar do Japão. Com 9.289 quilômetros, percorre em sua extensão sete fusos horários levando cargas e passageiros

Ferrovia do Equador

Há mais de um século a Ferrovia do Equador uniu a costa à região andina. Deixou de funcionar há alguns anos, mas voltou à ativa graças a um projeto de restauração do governo, que mostra interesse na conservação dos 446 quilômetros que unem Quito a Guayaquil. Cerca de 180 quilômetros da via já foram reabilitados

A ferrovia mais alta do mundo

Inaugurada pelo governo chinês para ligar a China à região autônoma do Tibete, possui locais de até 5 mil metros de altitude. Para combater as condições desfavoráveis do ar rarefeito e da radiação solar, os passageiros contam com cabines pressurizadas, máscaras de oxigênio opcionais e janelas de vidro duplas para conter os raios ultravioleta

O Eurotunel

Túnel ferroviário submarino e subterrâneo de 50,5 quilômetros de extensão, que atravessa o Canal da Mancha, ligando a França à Inglaterra, o Eurotunel teve uma construção bastante demorada. O início das obras sofreu seguidos adiamentos até a sua efetiva inauguração, em 1994. É o terceiro maior túnel ferroviário do mundo. Os dois primeiros túneis ferroviários mais longos do mundo são o de Seikan, com 53,8 quilômetros, que liga as ilhas de Hokkaido e Honshu, no Japão, e o de São Gotardo, com 57 quilômetros, ainda em construção na Suíça

Shinkansen

O primeiro trem de alta velocidade do mundo foi o Shinkansen, no Japão, inaugurado em 1964. Os primeiros comboios atingiam velocidades de até 210 km/h. Mais tarde chegaram a 220 km/h e hoje atingem até 300 km/h

São Paulo Railway

A primeira ferrovia implantada em São Paulo inovou ao utilizar um complexo sistema de cabos de aço para puxar os trens que subiam a Serra do Mar rumo ao planalto. A ferrovia levava a produção do setor cafeeiro até o porto de Santos e trazia bens de consumo e equipamentos industriais. Algumas das cidades que receberam estações, como Paranapiacaba, são consideradas marcos da urbanização paulista e hoje são pontos turísticos. Nove estações da ferrovia foram tombadas como patrimônio histórico

Estrada de Ferro Madeira-Mamoré

A construção da Estrada de Ferro Madeira-Mamoré foi planejada no começo do século 20, para escoar a produção de borracha dos seringais brasileiros e bolivianos. Esse foi o motivo de sua localização em um ponto tão remoto da Amazônia, perto da atual Porto Velho. A chamada "Ferrovia do Diabo" nasceu à custa da vida de milhares de trabalhadores brasileiros e europeus, vitimados pela malária. Com a queda dos preços da borracha no mercado internacional, a ferrovia perdeu a função e acabou fechada em 1972, sendo engolida pela Floresta Amazônica

Serra da Graciosa

Desde 1880, a Ferrovia Imperial faz a ligação entre Curitiba e o porto de Paranaguá, no Paraná. Prodígio de engenharia na época em que foi construída, o percurso de 110 quilômetros, além de servir para o transporte de carga para exportação, propicia passeios turísticos inesquecíveis pela Serra da Graciosa

As ferrovias do Brasil

FONTE: Ministério dos Transportes, 2010

O transporte

rodoviário

O Protos-NAG, fabricado pela Nationale Automobilgesellschaft de 1926 a 1934, tornou-se símbolo de status e elegância

Via Dutra, 1989: estrada ligando as duas principais metrópoles do país foi a primeira grande rodovia da região Sudeste

Inauguração de Brasília, 1961: os operários que ajudaram a construir a capital do país desfilam em caminhões FNM durante os festejos

A indústria automobilística brasileira deu seus primeiros passos com a Fábrica Nacional de Motores (FNM). Fundada por Getúlio Vargas nos anos 1940, por mais de dez anos garantiu a reposição dos propulsores das aeronaves do Correio Aéreo Nacional e dos aviões de treinamento da FAB, a Força Aérea Brasileira. Passou a década seguinte produzindo veículos, e não apenas montando-os. A marca desapareceu, mas não é desconhecida de quem nasceu depois dessa época, logo associada aos enormes caminhões que ficaram conhecidos pelo nome "Fenemê", verdadeiros gigantes nas estradas.

Até a Primeira Guerra Mundial (1914-1918), o Brasil só importava carros montados. De 1919 em diante, passou a importar as peças e montá-los. Nesse ano, a Ford inaugurou a primeira linha de montagem no país, seguida pela General Motors, que chegou ao Brasil em 1925.

Essa expansão do setor foi o ponto de partida para a cadeia fornecedora da indústria, que hoje é ampla e mobiliza vários segmentos da economia brasileira. Naquela época, improviso e criatividade foram as palavras de ordem da nossa indústria de autopeças. Dada as dificuldades de importação durante a Segunda Guerra Mundial, pequenas e médias empresas foram estimuladas a produzir molas, baterias, pistões e anéis, peças destinadas a suprir, em parte, as necessidades do transporte local na época. Com o fim do conflito, temia-se que a retomada das importações sufocasse a indústria nacional. No entanto, graças à união do setor, as taxas anuais de crescimento variaram entre 10% a 15%.

Para limitar as importações no período pós-guerra, a política nacionalista de Vargas, em seu governo democrático, criou, em março de 1952, a Subcomissão de Jipes, Tratores, Caminhões e Automóveis, proibiu a importação de autopeças com similar nacional e, no ano seguinte, a entrada de veículos completos. Também no início da década de 1950, a FNM passou a montar o caminhão modelo D-9500, da italiana Alfa Romeo. Nessa época, dos 100 mil veículos importados por ano, 60% eram caminhões. Somadas as autopeças, esses itens superavam os gastos nas importações com petróleo e trigo.

Mas o projeto de instalação de uma indústria automobilística ganharia ritmo de fato no governo de Juscelino Kubitschek (1956-1961). A proposta de JK, o presidente bossa-nova, como era chamado, era rasgar o país com rodovias. Em seu governo foi estruturado o modelo baseado em estradas para carros e caminhões. Foi o começo do fim para os trilhos, para os trens e os bondes. Ao orientar a circulação no território nacional pelo sistema rodoviário, Juscelino abriu as portas para que os principais fabricantes de automóveis na época se instalassem no Brasil.

FNM

A primeira leva de montadoras no Brasil

Nas décadas de 1950 e 1960, diversas fábricas se instalaram na Grande São Paulo, buscando a proximidade dos principais mercados consumidores nacionais, das indústrias de autopeças e da indústria siderúrgica.

Willys Overland do Brasil (1952) São Bernardo do Campo – a fábrica lançou o primeiro jipe do Brasil.

Vemag (1955) Com sede no Ipiranga (SP), a marca fabricava os modelos da alemã Auto Union no Brasil e dominou parte do mercado nacional de automóveis por mais de dez anos.

Scania-Vabis (1962) São Bernardo do Campo – a fábrica, que produziu o primeiro motor a diesel brasileiro para caminhões, em 1958, é transferida da capital para a região do ABC.

Mercedes-Benz (1956) São Bernardo do Campo – nesta fábrica foi produzido o primeiro ônibus monobloco do país.

Chevrolet/GM (1925) Inaugura a fábrica na avenida Presidente Wilson, depois transferida para São Caetano do Sul, em 1930.

Simca (1958) São Bernardo do Campo – subsidiária brasileira da marca francesa.

Volkswagen (1959) São Bernardo do Campo – primeira fábrica Volkswagen instalada fora da Alemanha. Os primeiros veículos fabricados foram a Kombi e o Fusca.

Karmann Ghia (1960) A montadora italiana inaugura fábrica em São Bernardo do Campo.

Ford (1967) Foi a primeira indústria automobilística a montar automóveis no Brasil, em 1919, mas sua primeira fábrica só seria instalada em 1967.

JK e o nascimento da indústria automobilística no Brasil

Costuma-se considerar 1956 a data de nascimento da indústria automobilística no Brasil. Nesse ano, Juscelino criou o Geia – Grupo Executivo da Indústria Automobilística – e inaugurou oficialmente a Mercedes-Benz do Brasil. A GM abriu sua segunda fábrica em São José dos Campos, a Romi-Isetta lançou o primeiro carro de passageiros, que era 70% produzido no país, e a Vemag colocou no mercado a primeira camioneta DKW-Vemag 1001, chamada Vemaguet, com 60% de nacionalização. O carro, uma cópia do modelo alemão DKW, era fabricado na Alemanha pelo grupo Auto Union.

A economia de São Paulo estava revitalizada pelo investimento de milhões de dólares no processo de nacionalização das montadoras. Ainda assim, fabricar automóveis era um grande desafio, considerando a falta de trabalhadores habilitados e de tecnologia local, a falta de capital para a indústria de autopeças e de infraestrutura para o processo produtivo. Mesmo assim, a nova indústria fixou raízes no ABC, região do Estado de São Paulo composta pelos municípios de Santo André, São Bernardo do Campo e São Caetano do Sul, e mudou a paisagem e o modo de vida local.

Um interurbano de São Bernardo para São Paulo podia demorar até três dias para ser completado. Para o escritório se comunicar com a matriz no exterior, só por carta ou telegrama. Alguns trechos de terra da ligação viária de São Paulo a São Bernardo facilmente se transformavam em lamaçais intransponíveis com a menor chuva.

Fábrica da Volkswagen em São Bernardo: junto com a indústria automotiva, surge um operário mais qualificado

O governo do Uruguai entrou em negociação com a Vemag para renovar sua frota de táxis por carros DKW, fabricados no Brasil (aqui, na São Paulo de 1966, em primeiro plano)

Vista aérea da fábrica da Volkswagen em São Bernardo do Campo, próximo à Rodovia Anchieta: na Grande São Paulo nasceu o primeiro polo automotivo do país

Ampliação e regionalização do complexo industrial automotivo

Outro momento de forte industrialização do setor aconteceu a partir de meados da década de 1990, quando diversas montadoras, estimuladas pela política industrial adotada em 1995 e pelo recorde de vendas internas alcançado em 1997, instalaram suas fábricas no país.

Interessados no progresso que as novas fábricas e seus investimentos traziam para as regiões em que se instalaram, os governos estaduais começaram uma disputa para entrar no mapa dos polos automobilísticos brasileiros. É a chamada "guerra fiscal", na qual a principal munição usada pelos governos estaduais para atrair a instalação de novas fábricas ou manter a atividade industrial já existente é a redução ou até isenção de impostos – como o Imposto sobre Circulação de Mercadorias e Serviços (ICMS). Além da redução tributária, as montadoras consideram a proximidade de portos, a força do sindicato dos metalúrgicos da região e a oferta de mão de obra qualificada para escolher o local de instalação.

Em 1981, ano em que começou a trabalhar no Brasil a partir da aquisição da Chrysler, a MAN Latin America fabricava o primeiro caminhão movido a etanol. Em menos de duas décadas, tornaria-se a maior montadora de caminhões e ônibus do país

A indústria automobilística na economia brasileira

Em 2010, em seu conjunto, o setor automotivo empregava, direta ou indiretamente, 1,3 milhão de pessoas, seja na produção de 3,4 milhões de veículos e 98 mil máquinas agrícolas/ano, seja na comercialização de produtos por uma rede de 3,4 mil concessionárias e mais de 500 empresas de autopeças para todo tipo de veículo – de automóveis e comerciais leves a caminhões, ônibus, tratadores e colheitadeiras.

Ao todo, em 2009, a frota nacional era composta por 29,6 milhões de automóveis, comerciais leves, ônibus e caminhões. No mesmo ano, o setor automotivo, autopeças incluídas, respondeu por 20% do PIB industrial. Nestes mais de 50 anos foram desenvolvidos projetos exclusivamente nacionais, como a motorização 1.0 dos chamados carros populares, lançada em 1990 e que, em 2010, respondia por 51% das vendas ao mercado interno.

Com crescimento de quase 50% em 2010, o mercado de caminhões entra na década fortalecido pela redução do IPI e pelo ciclo de crescimento do Brasil

O desenvolvimento da tecnologia automotiva

O meio de propulsão dos veículos é uma questão que mobiliza o mundo todo. O preço do petróleo, a emissão de CO_2 e a preocupação com o ambiente estão na base de diversas decisões sobre a mobilidade. Os europeus optaram pelo diesel. Já nos Estados Unidos e no Japão, a preferência tem sido um motor de combustão a gasolina. O Brasil faz quase toda sua produção automobilística movida por motores híbridos etanol-gasolina. Os motores flexíveis que usavam gasolina ou metanol surgiram nos Estados Unidos, em 1991. No Brasil, os carros flex foram desenvolvidos apenas em 2003, mas com tecnologia bem superior à americana, e o país transformou-se em referência mundial em veículos bicombustíveis. No exterior, essa tecnologia tem despertado interesse porque daria a cada país a possibilidade de migração, por parte dos consumidores, do combustível fóssil para os renováveis.

A grande virada da indústria ocorreu a partir dos acordos setoriais de 1992, do programa do carro popular, instituído em 1993, e da política industrial de 1995. Em cinco anos, a produção dobrou e o país alcançou a escala necessária para evoluir tecnologicamente.

Nos anos 1990, o mercado voltou-se para carros com motor de 1000 centímetros cúbicos de cilindrada – o que significa um motor com giro completo do cilindro em 1.000 vezes por minuto. Os departamentos de engenharia das montadoras começaram a pesquisar mais potência e torque para propiciar a instalação de sistemas de ar-condicionado e direção hidráulica nesses veículos, chamados de populares, até chegarem ao motor 1000 com turbo compressor do Gol e da Parati. Esse equipamento consegue dobrar a potência do motor.

No século 21, os primeiros carros de aceitação mundial projetados no Brasil, como o Meriva, o EcoSport e o Fox, ultrapassam a mera criação de versões de modelos existentes. Hoje, o Brasil exporta serviços de engenharia em todas as etapas de desenvolvimento do veículo completo, bom e barato. Continuar competitivo diante de veículos chineses, europeus e indianos tornou-se o grande desafio da indústria nacional.

Carro bicombustível: o sucesso da tecnologia flex fez do Brasil o primeiro país a criar uma alternativa viável de produção e consumo de energia renovável

Os primeiros veículos fabricados no

Camioneta DKW-Vemag

Lançada em 1956, a camioneta DKW-Vemag foi o primeiro veículo fabricado no território brasileiro. Com duas portas e espaço para motorista e quatro passageiros, possuía tração dianteira e motor 2 tempos. Esse tipo de motor é leve e potente, mas com pouco torque e bastante poluidor

Romi-Isetta

Lançado em 1956, com 70% de nacionalização, o Romi-Isetta, apelidado popularmente de "lambreta grávida" ou "ovo de Fenemê", levava só o motorista e um passageiro. Sua única porta era frontal

Kombi

Primeiro Volkswagen feito no Brasil, ainda que com metade das peças importadas, a Kombi foi lançada em 1957. Seu motor 1200, refrigerado a ar, destacava-se pela capacidade de carga líquida praticamente igual ao seu próprio peso, fenômeno até hoje não igualado. A Kombi é o carro em fabricação mais antigo do Brasil

Ford F-600

O F-600 foi o primeiro caminhão a gasolina, fabricado em 1957

Caminhões leves da GM

Depois de lançar seu primeiro caminhão nacional, em 1957, o Chevrolet Brasil, a GM recebeu autorização do Geia para também fabricar caminhões leves

Sedã DKW Vemag

Entre as novidades do sedã DKW Vemag, o Belcar, lançado em 1958, estava o assoalho plano, ideia redescoberta pelo Honda Civic em 2000

FNM 2000 JK

Baseado em um modelo Alfa Romeo, o FNM 2000 JK foi lançado no dia da inauguração da nova capital federal, em homenagem ao presidente Juscelino Kubitschek

A Willys Overland do Brasil e a Rural

Produzido a partir de 1958 no Brasil, o utilitário Rural Willys era oferecido em combinações de duas cores: verde e branco, azul e branco e vermelho e branco. Na década de 1960, a Willys era a segunda maior montadora do país. O último carro desenvolvido pela marca foi o Corcel, lançado em 1968 pela Ford, que adquirira a Willys no ano anterior

Simca Chambord 1959

Lançado no país em 1959, foi o primeiro sedã com a clássica arquitetura de motor dianteiro e tração traseira

Gravura de Rugendas, feita entre 1820 e 1825, reproduz ao fundo a Serra dos Órgãos, empecilho natural rumo às minas

Semeando estradas

O espaço territorial do Brasil foi se configurando a partir da costa, à medida que eram abertas trilhas em direção ao interior. Os antigos caminhos coloniais por onde passavam tropas de muares e carros de boi foram os precursores da maioria das estradas brasileiras.

A Estrada Real, que ligava Minas ao litoral do Rio de Janeiro, de onde saíam os navios para Portugal, foi criada pela coroa portuguesa, no século 17, com a intenção de escoar o ouro e o diamante garimpados em Minas Gerais.

Inicialmente, o caminho ligava a antiga Vila Rica, hoje Ouro Preto, ao porto de Paraty. Essa via, criada em fins do século 17, estendia-se por mais de 1.200 quilômetros, percorridos em cerca de 95 dias de viagem. Por causa da necessidade de uma via de escoamento mais segura e mais rápida ao porto do Rio de Janeiro, e também por imposição da coroa, foi aberto, em 1707, um "caminho novo", que abreviava a viagem desembocando na Baía de Guanabara.

Em 1790, iniciou-se a construção da primeira estrada do Brasil, a Calçada do Lorena, que unia São Paulo ao porto de Santos. Construída para facilitar o escoamento de produtos agrícolas do interior paulista, como algodão, tabaco e, principalmente, açúcar, ela seria ampliada nas primeiras décadas do século 20.

Décadas de 1950 e 1960

1956

Mercedes-Benz lança o caminhão L312, apelidado de torpedo, primeiro veículo movido a diesel fabricado no Brasil que tinha o bloco de seu motor fundido no país

O Plano de Metas no setor industrial do governo JK fecha o balanço com resultados impressionantes. De 1955 a 1961, no período de seu governo, descontada a inflação, a produção industrial cresceu 80%, com altas porcentagens na indústria do aço (100%), de mecânica (125%), de eletricidade e de material de transporte (600%). De 1957 a 1961 o PIB cresceria 7% ao ano

1957

Em agosto é lançado o primeiro caminhão feito no país, o Ford F-600, com motor V8 a gasolina, de 167 hp, e 40% de índice de nacionalização

1962

É lançado pela Scania o primeiro ônibus no Brasil com direção hidráulica e suspensão pneumática, o B76

Caminho do Mar, primeira rodovia pavimentada em concreto no Brasil, foi inaugurada na gestão do presidente Washington Luís, absorvendo alguns trechos da antiga Calçada do Lorena

1963

A Willys lança o Aero Willys 2600, primeiro automóvel inteiramente concebido no Brasil, do projeto à fabricação. Com o modelo 2600, surge o câmbio de quatro marchas sincronizadas

1966

O Ford Galaxie torna-se o primeiro automóvel com lançamento simultâneo aqui e nos Estados Unidos

1968

Lançamento do Chevrolet Opala, do VW 1600 e do Ford Corcel. O Corcel marcou o começo de uma era na qual os carros saíam de fábrica com carroceria específica para o Brasil

No começo da década de 1970, com o país vivendo um regime ditatorial, inicia-se o chamado "milagre econômico brasileiro", com impressionante crescimento do PIB. Nessa época, Volkswagen, Ford e GM são responsáveis por quase 98% dos veículos produzidos. Em 1968, a GM lança o Opala, seu primeiro carro de passageiros no Brasil, derivado do modelo Opel

Década de 1970

1973

A engenharia automobilística nacional começa a se firmar. A Volkswagen projeta o modelo Brasília, veículo produzido apenas no Brasil

A indústria automotiva lidera o crescimento industrial, com taxas anuais acima de 30% durante a década

Em 1973, o Passat, primeiro Volkswagen brasileiro refrigerado a água e com tração dianteira, chega ao mercado

1974

A General Motors inaugura, em Indaiatuba (SP), o primeiro campo de provas da América Latina

1975

O Proálcool propicia o desenvolvimento de pesquisas mais aprofundadas na área de motores. O Brasil chega a produzir mais de 90% dos automóveis exclusivamente para o etanol em meados dos anos 80

A partir de 1830, graças à expansão da produção agropastoril e, principalmente, da cultura cafeeira, o Brasil tornou-se um país exportador de produtos agrícolas. No entanto, como as lavouras localizavam-se em regiões muito distantes dos locais de embarque, as grandes cargas precisavam ser transportadas por terra até os principais portos.

O primeiro plano de viação para o país esboçado pelo conselheiro José Silvestre Rebelo, em 1838, concebia três estradas de ferro, partindo da capital do império;

- Na direção sudoeste, passando por São Paulo e Curitiba até Porto Alegre;
- Na direção noroeste, atingindo as províncias de Minas Gerais, Goiás e Mato Grosso;
- Na direção norte, mantendo-se paralela ao litoral, mas a certa distância do mesmo, passando pelas províncias de Minas Gerais, Bahia, Sergipe, Alagoas, Pernambuco, Paraíba e Ceará, flexionando em direção a Teresina, entrando pelo Maranhão até a cidade de Belém, no Pará.

← O Volkswagen (aqui no pátio da fábrica alemã, em 1949), na Europa, e o Ford T, nos Estados Unidos, tinham a mesma proposta: carros acessíveis, econômicos e de mecânica robusta. Um sucesso total

A Gurgel Motores, empresa nacional fundada em 1969 e que sobreviveria até 1994, vive seu auge nessa década. Apresenta, em 1974, seu modelo elétrico, Itaipu, e, a partir de 1975, o jipe Xavante, cuja estrutura era feita de fibra de vidro

1976

O Fiat 147 passa a ser fabricado em Betim, MG, assinalando o início das atividades da multinacional italiana no país

A Fábrica Nacional de Motores (FNM), fundada em 1938, é adquirida pela Fiat Diesel, permanecendo ativa até 1985

1977

As ruas de Goiânia recebem o primeiro ônibus articulado urbano a circular no Brasil, com capacidade de 180 passageiros. Batizado de B 111, ele foi produzido pela Scania

Surge a Volvo do Brasil, que no país se volta ao mercado de caminhões e utilitários

De Porto Estrela, nas vizinhanças de Magé, no Rio de Janeiro (aqui retratada por Rugendas em 1824), partiam as caravanas para Minas Gerais

Primeira operação articulada do país

O trecho inicial do plano de viação de José Silvestre Rebelo localizava-se no Porto Estrela, no Rio de Janeiro. Por navegação chegava-se à raiz da Serra da Estrela e, desse ponto, seguia-se pela estrada ferroviária até Petrópolis.

Construída entre 1856 e 1861, a Estrada União Indústria ligava Petrópolis (RJ) a Juiz de Fora (MG). Primeira do império a adotar a técnica construtiva do macadame (mistura de pedra britada, areia e alcatrão comprimidos por um rolo compressor), tinha 6 metros de largura e 140 quilômetros de extensão. Por meio dela, manteve-se o transporte regular de diligências para 15 ou 8 pessoas de Petrópolis a Entre-Rios.

Estrada geral da corte

Na primeira metade do século 19 houve algumas iniciativas no Paraná, em Pernambuco, no eixo São Paulo, Minas e Rio, além da construção de uma estrada ligando Porto Alegre a São Leopoldo e Salvador ao Rio de Janeiro. Com a construção das ferrovias, as estradas carroçáveis foram abandonadas.

Década de 1980

1981

No ano de sua chegada ao Brasil *(abaixo, o primeiro veículo produzido)*, a Volkswagem Ônibus e Caminhões lança o E 13, primeiro caminhão movido a etanol.

1984

A Volkswagen lança o VW 140, primeiro caminhão de grande porte movido a gás metano/biogás

Executivos da Volkswagen Caminhões comemoram o veículo nº 40.000 produzido pela fábrica situada junto à via Anchieta, em São Bernardo do Campo

Transporte urbano no império

Diligências e bondes puxados por burros e bondes movidos a vapor eram os veículos na época do império e durante a Primeira República. Eram importados, principalmente, de firmas americanas e alemãs (ao lado, cena carioca em 1919, na rua Espírito Santo, mostra bondes movidos a eletricidade convivendo com os movidos a tração animal).

1986

Para consternação de uma fiel legião de fãs, o Fusca sai de linha pela primeira vez, em 1986, sendo substituído pelo Gol como o carro mais vendido do país

A Parati 1.8 e o Gurgel BR 800, primeiro compacto nacional, são os destaques do 15° Salão do Automóvel do ano

1988

Surge a injeção eletrônica de combustível no país, primeiramente no modelo Gol GTI

A extinta CMTC (Companhia Municipal de Transportes Coletivos) de São Paulo passa a operar o primeiro ônibus urbano brasileiro com dois andares, que pretendia imitar os *double deckers* londrinos

1989

Fernando Collor de Mello toma posse com inflação de 80% ao mês. Seu governo promove um brutal enxugamento do dinheiro circulante, derrubando tarifas de importação e forçando a competitividade da indústria, até então protegida por reservas de mercado

Primeiro ano da República

O café, nova base exportadora do país, produziu uma acumulação interna de capital que aos poucos aprofundaria a integração do território.

A República Velha, iniciada em 1889, prepara o terreno para a fase da plena industrialização, proporcionando o surgimento de uma classe operária no país. As culturas de exportação se ampliam e criam-se novos espaços econômicos em função das estradas de ferro e da navegação a vapor.

Desde o início da obra da União Indústria, primeira estrada privada do Brasil que ligava Juiz de Fora (MG) a Petrópolis (RJ), foram construídos pouco mais de 10 quilômetros ao ano de rodovias de padrão tecnológico aceitável. Portanto, no início do século 20, o país contava com cerca de 500 quilômetros de vias – e os primeiros automóveis a circular por elas eram apenas curiosidade.

O cenário mudaria a partir de 1913, quando São Paulo intensificou o programa de construção da rede rodoviária. Minas construiu estradas ligando sua recém-fundada capital aos seus rincões. Os estados nordestinos nessa época também aceleraram a construção de estradas, enquanto nas ruas de São Paulo e do Rio de Janeiro já trafegavam bondes puxados por animais, automóveis, pedestres e bondes elétricos.

Década de 1990

1992

A abertura econômica facilita a entrada de veículos importados (*acima, Salão do Automóvel desse ano*) ao mesmo tempo que as câmaras setoriais tentam debelar a crise na indústria automotiva nacional

1993

Lançamento do Volks 16.180, primeiro chassis para ônibus produzido no Brasil

Itamar Franco convence o presidente da Volkswagen a fabricar novamente o Fusca e cria o Programa do Carro Popular. A Volkswagen fabricaria, ao longo de 37 anos, 3,1 milhões unidades do modelo no Brasil até 1996, quando o carro saiu de linha definitivamente

Transporte urbano na República Velha

Na passagem do século 19 para o 20, a cidade de São Paulo passou da quinta para a segunda posição em população, entre as capitais brasileiras. Um dos principais motivos para esse crescimento populacional foi o fato de o porto de Santos ter tomado a dianteira na exportação do café.
O Rio de Janeiro, a capital da República, mantinha a liderança graças à notável malha viária, ferroviária e rodoviária, que se ligava a ela, permitindo que catalisasse as atividades de exportação e de importação de outros estados, fora São Paulo.

Aqueduto dos Arcos da Lapa, no Rio de Janeiro (retratado por Leandro Joaquim em 1790): a partir de 1896, seria usado pelos bondes para ligar o centro ao bairro de Santa Teresa

1996

Com a presença do então presidente Fernando Henrique Cardoso, a MAN inaugura o sistema de Consórcio Modular em sua fábrica de caminhões em Resende (RJ). Por esse sistema, a linha de montagem é dividida entre diversas empresas, cada qual com sua participação no produto final

2000

Com a crise cambial de 1998, o mercado interno se retrai e a capacidade ociosa da indústria automotiva nacional atinge o nível de 52,2%, acima da média mundial, de 25% a 30%, já considerada alta. A pouca inserção do país nos mercados desenvolvidos, somada à queda da demanda argentina a partir de 1999, impossibilitam o escoamento da produção para o mercado externo

A integração pelas rodovias

No modo ferroviário, a função do Estado era incentivar a iniciativa privada a investir, ficando o empreendedor público ou privado encarregado da via e da operação veicular. Já no sistema rodoviário, o poder público devia prover as vias e configurar uma rede de infraestruturas e de serviços.

Conforme o automóvel e o transporte rodoviário de cargas sobre pneus foram substituindo as ferrovias, ocorreu uma nova divisão entre o poder público e a iniciativa privada.

Uma grande vantagem do automóvel, do caminhão e do ônibus sobre o barco e o trem reside no fato de as estradas e caminhos terem permitido o processo de integração do território nacional de uma forma que nem a navegação a vapor nem a estrada de ferro tinham sido capazes de viabilizar.

A indústria automobilística, sem dúvida, definiu o padrão rodoviário do transporte no interior do Brasil, com reflexos até os dias de hoje.

➔ A construção da Rodovia dos Imigrantes, na década de 1970, continha 44 viadutos e 15 túneis, dentre eles os dois maiores do país. A rodovia liga São Paulo à Baixada Santista

Século 21

Começam a circular no país os ônibus a biodiesel, capazes de rodar com uma mistura de diesel com óleo combustível extraído de plantas como o dendê e a mamona

O Brasil tem uma frota de 21 milhões e 357 mil veículos

2003

Os veículos flex fuel, que rodam tanto com etanol como com gasolina em qualquer mistura, tomam vulto no Brasil. Os modelos começaram a ser comercializados e, em apenas três anos, respondem por mais de 76% do mercado

2004

A indústria nacional torna-se cada vez mais competitiva. Em 1990, a produtividade da indústria automobilística correspondia a 7,79 unidades ao ano por pessoa empregada; em 2004, equivalia 24,8 unidades. O aumento da produtividade foi acompanhado de retração na quantidade de postos de trabalho na indústria automobilística. Em 1997, ano do auge da produção, o número de empregados no setor (104.941) era inferior ao verificado em 1990 (117.396)

2009

A MAN compra a Volkswagen Caminhões e Ônibus e se transforma em uma das maiores montadoras desses dois veículos na América Latina. A fábrica localiza-se em Resende (RJ)

2011

A indústria automotiva brasileira cresce 14% em relação ao ano anterior, tornando-se a sexta maior do mundo, investindo em tecnologias menos poluentes (*acima, ônibus movido a gás natural veicular e diesel, da MAN*)

A expansão automobilística

O Plano Geral de Viação da era Vargas, que teve início em 1930, objetivava ligar a então capital federal, o Rio de Janeiro, às capitais dos diferentes estados e qualquer via de comunicação à rede federal e a qualquer ponto de fronteira com os países vizinhos. Outros aspectos relevantes eram:

- constituir vias de transporte ao longo da fronteira, ou paralela a esta no máxima 200 km;
- ligar entre si dois ou mais troncos de interesse geral, com o objetivo de estabelecer, por caminho mais curto, comunicações entre duas ou mais unidades da federação;
- atender a exigências de ordem militar.

A opção pela modalidade rodoviária como principal meio de transporte de carga é um fenômeno mundial desde a década de 1950, tendo como base a expansão da indústria automobilística associada aos baixos preços dos combustíveis derivados do petróleo.

No Brasil, a ênfase no transporte rodoviário, que se consolida nessa mesma época, está associada à implantação da indústria automobilística no país e à mudança da capital para a Região Centro-Oeste, que foram acompanhadas de um vasto programa de construção de rodovias.

Foi no governo de Juscelino Kubitschek, na década de 1950, que houve um impulso ao sistema rodoviário, principalmente por causa da instalação da indústria automobilística, consolidando esse sistema como a modalidade de integração do território brasileiro. A construção de Brasília, o grande projeto de JK, deu impulso à interiorização do desenvolvimento e ao sistema rodoviário. Foi enorme o significado da construção de Brasília no processo de integração de grande parte do sertão à vida nacional.

Esse processo de integração ampliou-se com as novas estradas que foram abertas por todo o país e passaram a ser percorridas pelos caminhoneiros. Apenas a Amazônia manteve-se regrada pelo rio e fora dessa nova geografia criada pela era rodoviária.

Estrada em Goiás: desde a inauguração de Brasília, diversas rodovias fazem a integração do Centro-Oeste saindo da capital federal

Via Dutra em Engenheiro Passos (RJ): ligação entre as maiores cidades do país fortaleceu dezenas de municípios no caminho

As rodovias do Brasil

FONTE: Ministério dos Transportes, 2008

O transporte

marítimo

Dentre os meios de transportes, o mais antigo é o marítimo, presente desde as mais remotas eras, em todos os continentes. De índios brasileiros aos polinésios, passando pelos fenícios e romanos, todos os povos souberam desenvolver diferentes modos de navegar. No entanto, o incremento da tecnologia naval aconteceu efetivamente após o fim da Primeira Guerra Mundial. Dentre as mudanças, o aumento da capacidade de carga transportada nos navios, além da criação de embarcações específicas, especializadas no transporte de um determinado tipo de produto.

No mundo, cerca de 70% de todas as mercadorias que circulam são transportadas por meio de transporte marítimo. Tal fato é resultado da gigantesca capacidade de transporte dos navios. Os portos de maior movimento possuem uma grande e moderna infraestrutura, que envolve maquinários e centros de armazenagem. A cidade de Roterdã, na Holanda, abriga o porto de maior fluxo de mercadorias no mundo. É por ele que as produções dos países que integram a União Europeia são escoadas, servindo também como porta de entrada para produtos oriundos de outros continentes.

Para facilitar a circulação de mercadorias pelos oceanos, entre 1908 e 1914 foi construído o Canal do Panamá, que liga os oceanos Atlântico e Pacífico. O canal tem 82 quilômetros de extensão, 152,4 metros de largura, 26 metros de profundidade e três eclusas duplas. Sua travessia leva de 16 a 20 horas. Permaneceu sob controle americano até 1997, quando passou a ser administrado pelo Panamá. A monumental obra de engenharia diminuiu a distância entre a costa ocidental do continente americano e a Europa, evitando que as embarcações tivessem de contornar a América do Sul para atingir outro oceano.

Com o desenvolvimento da indústria automobilística e da aviação, a importância do transporte marítimo de passageiros diminui. No entanto, ele ainda é utilizado em viagens curtas ou de lazer, como as realizadas pelos transatlânticos. Já no âmbito da movimentação de cargas, o transporte marítimo evoluiu tanto que foram criadas embarcações especiais para acondicionar os diversos tipos de carga. A chamada carga geral é transportada em caixas, paletes, barris, contentores, entre outros. O uso de contentores, também chamados de contêineres, o empacotamento de carga mais utilizado atualmente, foi desenvolvido para o transporte marítimo na década de 1960.

Porto do Rio de Janeiro em 1935, quando a cidade ainda era a capital do país, em foto de Augusto Monteiro

Navios com contêineres atravessam o Canal do Panamá: obra do início do século 20 foi decisiva para incrementar o transporte naval no continente americano

Transporte naval no Brasil

O Brasil tem 8.400 quilômetros de litoral e 50 mil quilômetros de rios navegáveis. A costa brasileira possui longas praias em mar aberto, recifes e baías. Suas águas ricas em peixes e crustáceos permitem pesca farta e garantem a sobrevivência de boa parte da população. Jangadas, botes, canoas, paquetes, alvarengas, barcas e batelões ilustram a criatividade do homem na relação com o meio líquido. No Recôncavo Baiano, por exemplo, mais fechado e protegido, para vender os produtos regionais nasceram as pequenas embarcações de cabotagem, aquelas que passavam de um porto a outro sem pegar mar aberto. Canoas baianas, saveiros, escunas e jangadas frequentam essas águas. Já na Região Sul foram as canoas de bordadura e as longas ubás que primeiramente cruzaram os rios.

Além de surgir de forma tão variada na cultura do Brasil, o transporte fluvial apresenta, ao longo de mais de cinco séculos de evolução, uma grande variedade de modelos e propostas, das pirogas dos índios às caravelas dos portugueses carregadas de pau-brasil em direção à corte; dos batelões, canoas de inspiração indígena utilizadas

Embarcação utilizada no século 19, em ilustração de W. Smyth e F. Lowe (1836): barco era conduzido por índios remeiros ou escravos

Chegada da família real portuguesa à Bahia, em 1808, segundo Portinari: abertura dos portos foi decisiva para o progresso do país

pelos bandeirantes na exploração do interior do Brasil às expedições fluviais dos viajantes do século 19. E, ao longo do século 20, o país consolidaria sua vocação de grande exportador de commodities e produtos industrializados, ampliando consideravelmente sua pauta de exportação e os países de destino. O esforço exportador brasileiro quase sempre esteve ancorado no meio marítimo, realizado a partir das dezenas de portos localizados ao longo da costa do país.

Da costa ao interior, por navios

Durante o período colonial pelo menos seis navios partiam, por ano, das enseadas brasileiras para a Europa, levando produtos da terra. Como franceses e espanhóis também retiravam pau-brasil da costa desprotegida, havia um intenso tráfico clandestino de carga no litoral da *Terra Papagalis*.

A abertura dos portos brasileiros, em 1808, o apoio de Pedro II aos viajantes estrangeiros durante o seu reinado e a curiosidade dos europeus pelo Novo Mundo atraíram expedições internacionais, que, valendo-se da navegação fluvial, deixaram preciosa documentação sobre acidentes geográficos, cultura e biodiversidade.

O vapor Benjamim Guimarães, construído em 1913, navegou no Mississippi antes do rio São Francisco, onde opera desde a década de 1920 até os dias de hoje

Estaleiro Mauá, Unidade Ilha do Caju, junto à ponte Rio-Niterói: aqui começou o império econômico do Visconde de Mauá

Batalha do Riachuelo, de Victor Meirelles (1872): conflito com o Paraguai ajudou a desenvolver a indústria naval brasileira

O rio São Francisco permitiu que Américo Vespúcio, em 1501, começasse o movimento de desvendar o interior brasileiro. Os rios Araguaia, Tietê, Paraná e Uruguai foram outras vias de penetração no território. Só da cidade de São Paulo, de sua fundação, em 1554, até 1600, saíram cerca de 20 expedições de bandeirantes rumo ao interior do país. Outras investidas ocorreram a partir do sul da Bahia e da foz do rio São Mateus, descendo o Tietê até o rio Paraná. Grande parcela do açúcar produzido no nordeste vinha para embarque pelos rios.

Durante o ciclo de exploração do ouro em Minas Gerais, a navegação estabeleceu o comércio entre a Europa e o Brasil, inicialmente, pelo porto de Santos, principal centro de importação de manufaturas e escravos para as regiões auríferas. As bandeiras exploratórias, organizadas pelos paulistas, locomoveram-se pelos afluentes do rio Amazonas, pela bacia do São Francisco, pelo Tietê e pelo Rio Grande, sempre no sentido oeste, em direção à Cordilheira dos Andes.

Em meados do século 19, o Visconde de Mauá comprou, em Niterói, o Estabelecimento de Fundição de Estaleiro da Ponta de Areia. Apesar do nome extenso e de ser, na época, uma das maiores empresas urbanas do Brasil, o estaleiro não passava de uma oficina artesanal, com uma pequena doca e um rudimentar aparato de fundição.

Ainda assim, ali foram construídos os navios e canhões que o governo imperial utilizaria na Guerra do Paraguai, que teve início em 1864. O conflito resolveu-se principalmente pela ação da Marinha brasileira, que subiu os rios da região platina e venceu as batalhas do Riachuelo, Curupaiti e Humaitá.

Vista parcial do porto de Belém, no Pará, entre 1909 e 1913: mesmo após o auge da borracha, navegação permaneceu ativa

Quando o império brasileiro autorizou a navegação a vapor no rio Amazonas, para prestar serviços de correio, transportes e rebocagem, Mauá, percebendo um polo de desenvolvimento do transporte fluvial e marítimo, fundou a primeira empresa regional de navegação fluvial, a Companhia de Navegação e Comércio do Amazonas.

Em 1912, a borracha representava 40% da economia brasileira e enriquecia Manaus e Belém. O declínio da economia da borracha, a partir de 1920, estagnou a exportação, mas não diminuiu a importância do transporte fluvial, pois os rios ligam as regiões da Amazônia como vias naturais de escoamento da produção.

Vendo que os negócios de importação e exportação prosperavam, Giusseppe Martinelli, que ficou conhecido na década de 1920 por construir o prédio mais alto da América Latina na cidade de São Paulo, o Edifício Martinelli, e Mário D'Almeida fundaram, em 1911, a Sociedade Anônima Martinelli. Uma frota de 22 navios garantia o despacho de mercadorias, representação bancária e transportes.

Em 1956, o governo de Juscelino Kubitschek constituiu o fundo da Marinha Mercante, destinado à compra e reforma de embarcações em estaleiros nacionais. Com esse fundo, foi possível desenvolver estaleiros de construção naval que aumentaram em 500 mil toneladas a frota mercante, representando um marco na história da construção naval.

Nos anos 1970, a indústria naval brasileira estacionou. A navegação de cabotagem, primeiramente reduzida, praticamente cessou. O governo privilegiou o transporte rodoviário durante essa década e apenas a frota mercante foi ampliada.

Linha do tempo do transporte naval brasileiro

Século 16

As cartas naúticas do começo desse século (*veja abaixo*) ainda mostravam monstros do mar como a "vaca-marinha" e serpentes imensas no caminho das embarcações

1502

Primeira representação cartográfica da costa brasileira, que viria a ser descrita, em minúcia, no manuscrito português *Esmeraldo de Situ Orbis*, de 1508, de autoria do navegador Duarte Pacheco Pereira

1710

As obras *Arte de Navegação* e *Roteiro*, de Manoel Pimentel, dá subsídios para a navegação de cabotagem no Brasil

1586

Roteiro do Brasil. O cartógrafo do reino de Portugal Luiz Teixeira publica uma carta geral e cartas particulares de vários portos

1750

Assinatura do Tratado de Madri. A ocasião dá ensejo à Expedição de Limites, que traz à América do Sul nomes famosos da ciência geográfica de Portugal e Espanha, para trabalho conjunto de demarcação de fronteiras. Configuram-se as regiões do Prata, do Paraná e do Paraguai

A opção pela hidrovia

Para modernizar o sistema aquaviário brasileiro, os portos passaram a utilizar contêineres, cujo manuseio econômico depende da instalação de equipamentos dos portos e da ampliação do volume de carga. A Tietê-Paraná, que cumpre o papel de hidrovia do Mercosul, interliga bem o comércio regional a granel. No entanto, cargas de maior valor agregado exigem modos mais rápidos de transporte.

O maior volume de negócios ocorre com carga geral e contêineres. Porém, a navegação de cabotagem (de curto percurso), que praticamente opera apenas com granéis, melhorou seu desempenho, apesar da baixa frequência por falta de carga e do desbalanceamento de fluxo entre as regiões Norte-Nordeste e Sul-Sudeste. São 58% do volume total movimentado da carga rumando para o norte, contra 13% em direção ao sul.

O transporte marítimo de cabotagem no Brasil tem capacidade para crescer, mas a expansão do setor tem ocorrido de maneira lenta. Isso se dá, principalmente, por causa do baixo interesse do usuário, mesmo com alto índice de demanda reprimida.

Outro obstáculo reside nos sindicatos portuários, que impedem a implementação plena da Lei dos Portos. Como consequência, as operações portuárias aqui exigem o triplo de mão de obra do que em outras partes do mundo e com péssimo fluxo: 27 contêineres por hora, contra a média mundial de 40 unidades no mesmo período de tempo.

Barcaça carregada de soja na Hidrovia Tietê-Paraná: apenas em 2008 o sistema transportou 5 milhões de toneladas

1777
Tratado de Santo Ildefonso. Elaboração do plano topográfico do porto do Rio de Janeiro e cartas das costas das regiões de Santa Catarina, Rio Grande, Alto Paraguai, Madeira e **Bacia Amazônica** *(acima, trecho do mapa do rio Tocantins em meados do século 18)*

1835
Nesta ilustração de Rugendas pode-se observar uma embarcação típica usada na navegação de cabotagem, aquela feita porto a porto, pela costa. A maior parte do comércio dessa época era feita por meio de barcos de dimensões pequenas

1876
Criação da Repartição Hidrográfica, que tem como primeiro diretor o capitão de fragata Antonio Luiz von Hoonholtz, o **Barão de Teffé**

1907
Surge a *Coleção Jaceguay*, feita com base na compilação de todas as informações até então existentes sobre a costa brasileira

O contêiner moderno foi criado em 1937 por Malcom McLean, dono de uma transportadora de caminhões nos EUA. Ao observar o lento embarque de fardos de algodão no porto, imaginou colocá-los todos dentro de uma caixa metálica que pudesse, ela própria, ser embarcada

Apesar de o transporte internacional brasileiro ser 68% marítimo, o Brasil, por falta de embarcações adequadas, praticamente não participa do transporte internacional de cargas em contêineres. Os governos desprezam o grande potencial de crescimento oferecido pela própria característica geográfica do país. Tarifas elevadas, desperdício e excesso de burocracia prejudicam a operação dos 16 portos de mar brasileiros, quando os milhões de carga já movimentados pelo setor justificariam o retorno dos investimentos para viabilizar o modal aquaviário.

O fundo da Marinha Mercante disponibilizou financiamento a taxas competitivas, mas impôs a obrigatoriedade da construção de navios em estaleiros nacionais. Em 2010, o fundo elegeu 161 projetos prioritários, tendo um aporte de R$ 14,2 bilhões para promover a remodelação de portos e da frota mercante.

A era dos contêineres

Em 1993, uma Lei de Modernização dos Portos eliminou o gargalo de ineficiência e propiciou liberdade econômica e abertura de mercados, com crescimento do comércio exterior brasileiro. Para reativar o transporte marítimo, a lei permitiu a participação de navios estrangeiros no transporte costeiro de cargas e passageiros.

1933
Elaboração do primeiro Plano Cartográfico Náutico Brasileiro

1936
Iniciada a transmissão diária dos Avisos aos Navegantes

1955
O país usa, pela primeira vez, método eletrônico para localização de sondagens, no Amapá, para concluir o levantamento do braço norte do rio Amazonas

1983
Selo comemorativo da primeira Expedição à Antártica

1984 e 1985
O Barão de Teffé realiza as operações Antártica 2 e Antártica 3 na Estação Antártica Comandante Ferraz

2006
Com a descoberta de novas reservas de petróleo na camada do pré-sal em águas brasileiras, a Marinha do Brasil criou um programa de reaparelhamento com investimentos iniciais de R$ 5,8 bilhões. Dentre as melhorias, serão comprados cinco submarinos, sendo um deles movido a energia nuclear

Isso provocou um sensível aumento no transporte marítimo, inclusive turístico.

Em 1997, com a privatização dos portos, investiu-se significativamente em modernização, o que aumentou a produtividade e diminuiu os custos das operações. Três anos depois, o Projeto Santos 2000 englobou o programa de arrendamentos e conseguiu importantes parcerias para a modernização do porto.

A movimentação de cargas por contêineres transformou os portos em elos fundamentais na cadeia de transporte e conferiu velocidade às operações de carga e descarga, com mais proteção às mercadorias.

Com frete mais barato do que o rodoviário para longas distâncias, maior segurança da carga e redução nos gases poluentes, o transporte naval vem crescendo no país, apesar da falta de navios de bandeira nacional, das falhas na eficiência do serviço e dos custos portuários, ainda elevados.

Contêineres no porto de Santos: sistema padronizado facilita o transporte intermodal, que usa diferentes meios

Carregamento de soja em Paranaguá (PR): país tornou-se grande exportador de produtos in natura pela via marítima

Perigo no lastro dos navios

As embarcações possuem tanques especiais para armazenar uma quantidade de água, denominada água de lastro, que controla o calado (medida da parte de uma embarcação que fica submersa) e a estabilidade do navio. O lastro compensa a perda de peso decorrente, sobretudo, do desembarque de cargas.

O problema é que essa água trazida no navio encontra-se repleta de micróbios, pequenos invertebrados, algas, plantas, cistos, esporos, ovos e larvas de pequenos organismos que acabam transportados até o porto previsto na rota de navegação, gerando uma movimentação transoceânica de organismos costeiros capaz de desequilibrar o sistema ecológico das áreas invadidas.

Por isso, a troca oceânica da água de lastro é feita em alto-mar, em um local com, no mínimo, 200 metros de profundidade.

Transporte Multimodal

A logística de transporte de mercadorias lida com cinco modais básicos de transporte: rodovias, ferrovias, aerovias, hidrovias e os dutos, usados para movimentar petróleo, derivados e gás. Cada modal responde a diferentes condições do material distribuído e a necessidades específicas da distribuição. Se, por exemplo, no mercado de pequenas cargas e em rotas de curta distância, o transporte rodoviário mostra-se o mais adequado para as matérias-primas e manufaturados de baixo valor, o transporte ferroviário, apesar de lento, é a melhor opção em razão dos baixos fretes.

O Transporte Intermodal é aquele que combina diferentes meios de transporte. A combinação mais adotada no mundo, a rodo-hidro-ferroviária, que associa terminais rodoviários, ferroviários e hidroviários, seria a melhor opção para o Brasil. Não só porque os fretes ficariam mais baratos e os produtos mais competitivos, mas, também, porque a integração do territorial nacional seria estimulada.

Além dos corredores existentes (Araguaia-Tocantins, Leste, Fronteira Norte, Mercosul, Transmetropolitano, Nordeste, Oeste-Norte, São Francisco, Sudoeste), o governo precisaria também abrir um corredor bioceânico em direção ao Pacífico, a fim de atingir os grandes mercados da Ásia e do Pacífico.

No momento, as grandes bacias hidrográficas do Brasil ainda não são muito utilizadas. Para que as bacias Amazônica e do Paraguai sejam perfeitamente navegáveis, ainda é necessário corrigir alguns trechos. Outro fator importante para que as hidrovias brasileiras sejam mais bem utilizadas é fazer com que os custos cobrados por tonelada no embarque e no desembarque tornem-se compatíveis com valores cobrados nos países desenvolvidos.

Os portos do Brasil

Principais hidrovias do Brasil

Hidrovia Araguaia-Tocantins: Durante as cheias, o trecho navegável do Tocantins atinge 1.900 quilômetros e o do rio Araguaia, 1.100 quilômetros

Hidrovia São Francisco: O trecho mais utilizado fica entre a cidade de Pirapora (MG) e Juazeiro (BA)

Hidrovia do Madeira: O rio Madeira é um dos principais afluentes do rio Amazonas. Em breve, a hidrovia permitirá a navegação noturna

Hidrovia Tietê-Paraná: Permite o transporte de grãos e outras mercadorias de Mato Grosso do Sul para os estados do Paraná e de São Paulo

Hidrovia Taguari-Guaíba: É a principal hidrovia brasileira em volume de cargas transportadas

FONTE: Ministério dos Transportes, 2008

Navios para todos os tipos de uso

No transporte marítimo, os navios distinguem-se pelo tamanho, forma, tipo de propulsão e de carga.
Tal como aconteceu com a aviação, a experiência da guerra provocaria evoluções importantes na área do transporte marítimo e a indústria naval passou a projetar embarcações criadas especialmente para transportar determinados tipos de carga. Dentre os ganhos alcançados, o transporte naval conseguiu agregar um grande volume de carga que pode ser transportado a custos baixos, em relação aos outros meios.

Navio-tanque

Projetado para carregar de centenas a milhares de toneladas de carga, de líquidos a cereais, possui grandes compartimentos e comportas, que deslizam para os lados, a fim de facilitar a entrada da carga

Petroleiro

Transporta líquidos como o petróleo cru, derivados do petróleo, gás natural, gás liquefeito, químicos e óleos. É muito importante para a indústria, já que transporta o combustível fóssil, que ainda é a base da economia mundial

Navio porta-contêiner

Transporta a carga acondicionada em contêineres. Impulsionados por grandes motores a diesel, esses navios movimentam a maioria das cargas do mundo

Navio frigorífico

Funciona como um grandes frigorífico, para levar cargas refrigeradas, como medicamentos e alimentos

Cable layer

Este navio foi projetado para funcionar controlado manualmente ou por sistema GPS (Global Position System). Permite que se coloquem cabos de telecomunicações ou eletricidade em alto-mar, mesmo em más condições meteorológicas

Cruzeiro

É o navio de passageiros, para viagens de turismo e lazer. O *Oasis of the Seas*, lançado em 2009 na Finlândia, é atualmente o maior navio cruzeiro do mundo, com capacidade para transportar 5.450 passageiros. Tem 16 andares e conta com um parque de vegetação tropical do tamanho de um campo de futebol

Cargueiro ro-ro

Criado para transportar cargas móveis. A proa ou a popa abre-se para o vagão ferroviário, o atrelado, ou automóveis entrarem no convés. Usa-se o termo "ro-ro" para navios de maior porte. Os menores, em vez dessa escotilha, têm uma rampa de acesso

Draga

Criada para a função de desassorear portos, leitos de rios ou passagens, retira areia e outros materiais do fundo para aumentar a profundidade e permitir a navegação de barcos com calado maior

Rebocador

Barco de porte pequeno e motor potente. Realiza manobras difíceis, como empurrar, puxar e rebocar barcaças ou navios de grande porte durante a atracagem ou desatracagem nos portos

Semissubmersível

Transporta cargas grandes, como submarinos e outras embarcações. O nome vem dos tanques e bombas de água, que permitem a entrada e saída da água se o navio afundar, como o *Blue Marlin*, navio semissubmersível holandês

Porta-avião

Serve como base aérea móvel. Geralmente os maiores navios operados pela Marinha transportam armamento militar, aviões e tanques. O Brasil é um dos nove países do mundo que possuem esse tipo de navio. Os outros são Estados Unidos, França, Índia, Rússia, Espanha, Itália, Tailândia e Inglaterra. A China finaliza a construção de seu primeiro porta-aviões militar

Balsa ou chata

Navio de fundo chato, com calado pequeno, para se deslocar em águas de pouca profundidade. Normalmente utilizada para transportar areia, veículos e pessoas

O transporte

aéreo

O avião talvez seja uma das maiores provas de que o homem não se conforma com os seus limites naturais. Locomover-se em um meio que não o seu exigiu o esforço de muitos inventores. Na impossibilidade de citar todos, vamos pontuar alguns nomes e avanços técnicos fundamentais para a realização do sonho de voar.

Nascido aqui, na época da Colônia, o padre Bartolomeu Lourenço de Gusmão, foi o primeiro a realizar um voo bem-sucedido de um balão de ar quente, em 1709, em Lisboa.

Em 1783, os irmãos Montgolfier popularizaram o balonismo. Aproximadamente 100 anos depois, com a invenção do dirigível, em 1852, o curso do voo começou a ser controlado por meio de lemes e motores.

Elevar-se do chão fazendo uso do ar quente, no entanto, não era suficiente para a inquietude humana. Seria necessário inventar algum aparelho "mais pesado que o ar", que conseguisse levantar voo com autonomia e dirigibilidade. A conquista dessa última fronteira começaria ainda na Alta Idade Média, quando o monge inglês, filósofo e cientista Roger Bacon percebeu, em 1290, que, da mesma forma como a água suporta um navio, o ar poderia sustentar um artefato pesado que tivesse as características adequadas. Passados pouco mais de 500 anos, em 1799, George Cayley identificou essas características – peso, velocidade, resistência do ar e sustentação – e desenhou um planador com uma cauda que garantia o controle da nave.

Aplicando os conceitos de Cayley, o inglês Frank Wenham criou asas finas, longas e fixas, largas na base e curtas nas pontas, que garantiam a sustentação da aeronave. Assim, em 1871, mostrou ser possível, em tese, voar com máquinas mais pesadas do que o ar. No entanto, era preciso dar à nave impulso próprio para se movimentar para a frente, já que as asas não se moviam. Alphonse Penaud solucionou a questão inventando um motor a elástico, com tiras retorcidas.

Faltava, ainda, garantir a estabilidade longitudinal e o controle do piloto. Em 1891, Otto Lilienthal construiu uma asa-delta motorizada e tornou-se o primeiro a fazer um voo planado controlado.

Em julho de 1906, depois de percorrer 100 metros diante de uma multidão no campo de Bagatelle, em Paris, o 14-Bis voou por uma distância de 60 metros a 3 metros de altura

Aeronave em manobra de aterrissagem no Aeroporto Santos-Dumont, no Rio de Janeiro

Santos-Dumont contorna a Torre Eiffel com seu Dirigível nº 6 em 1901, vencendo o Prêmio Deutsch de dirigibilidade

Surgem os primeiros aviões

Octave Chanute continuou o trabalho de Lilienthal. Registrou as realizações técnicas alcançadas na aviação até aquele momento no compêndio *Progresso em Máquinas Voadoras*, que se tornou obra de referência para os aeronautas da época, entre eles os irmãos Wright, cujo trabalho ele apoiou, incentivou e divulgou. No entanto, a amizade entre eles ficou estremecida por uma diferença de conduta. Chanute, tal como o brasileiro Alberto Santos-Dummont, colocava suas invenções em domínio público, preferindo compartilhar os seus conhecimentos. Já os irmãos Wright guardavam segredo de suas descobertas, evitavam voos públicos, escolhiam poucas testemunhas e impediam fotos que não as tiradas por eles.

O fato de o voo do 14-Bis ter sido público e registrado por aviadores e autoridades é um dos argumentos de quem defende o nome de Santos-Dummont como "Pai da Aviação". Outro motivo é ter o 14-Bis decolado sem o artifício de trilhos ou catapultas, diferentemente do que acontecia com as aeronaves dos irmãos Orville e Wilbur Wright.

Caro, porém vantajoso

O avião, sem dúvida nenhuma, entre os meios de transporte, é o mais dispendioso. Em média, seu custo é quatro vezes superior ao do transporte rodoviário; seis a sete vezes superior ao do ferroviário; 30 a 40 vezes superior ao do transporte marítimo. Pesam nessa conta o custo do querosene da aviação, que representa 30% a 40% do custo de uma companhia aérea, e a especialização da mão de obra. Para se manterem lucrativas, as companhias aéreas buscam maximizar

tempo de voo e receita por viagem, já que a aviação é um meio de transporte que opera com altos custos fixos e baixos custos variáveis.

Apesar dessa desvantagem, continua contando com a preferência de pessoas e empresas para o transporte a grandes distâncias. Isso por ser um serviço regular e frequente, e extremamente rápido.

A partir de 1927, as primeiras linhas aéreas começaram a operar no Brasil e em diversos outros países. O avião comercial mais usado na época, o Douglas DC-3, era equipado com um par de hélices e iniciou seus primeiros voos em 1936. Com capacidade para 21 passageiros e velocidade de cruzeiro de 320 km/h, tornou-se um verdadeiro ícone da época.

Douglas DC-3: o bimotor começou a operar em 1936 e tornou-se o mais bem-sucedido avião de passageiros da época

Crescimento tecnológico na guerra

Infelizmente, o desenvolvimento dessa maravilhosa máquina encontra-se, também, ligado a dois grandes conflitos vividos pela humanidade: a Primeira e a Segunda Guerras Mundiais. Em cada um desses conflitos, os aviões passaram por grandes modernizações. Ganharam espaço para mais um passageiro além do piloto, receberam motores mais potentes e desenhos cuja aerodinâmica interferia o mínimo no desempenho do voo.

Os aviões ficaram maiores, capazes de voarem com mais autonomia, mais rapidamente, com mais carga e mais passageiros. Com os equipamentos de radiotelecomunicação, os pilotos recebiam instruções de voo de equipes em terra e se comunicavam com outras aeronaves. O piloto automático, inventado em 1933, viabilizava períodos de descanso em voos de longa duração. As cabines pressurizadas permitiam alcançar altitudes maiores. Ao fim da Segunda Guerra Mundial, tornara-se uma nova (e temível) força aliada em terra.

Com o Super Constelation, que começou a operar em 1943 e trazia quatro motores, as travessias oceânicas tornaram-se mais rápidas e lucrativas

Messerschmitt ME 262: o primeiro avião caça com propulsão a jato chegou tarde demais para mudar o destino da guerra

Aeroporto Internacional de Dubai: por um único aeroporto desse porte passam mais de 30 milhões de passageiros por ano

Movimentação de pessoas no saguão do Aeroporto de Congonhas, zona sul da capital paulista, em abril de 1957

A tecnologia dos caças a jato, desenvolvida pela Alemanha desde a década de 1930 e que chegou a ser introduzida nas batalhas aéreas da Segunda Guerra em 1943 com o Messerschmitt ME 262, bem como a necessidade de preparar aviões para carregar o peso das bombas e percorrer distâncias duas vezes mais longas, foram avanços tecnológicos absorvidos, mais tarde, pela aviação comercial.

Durante algumas décadas, os quadrimotores desenvolvidos durante e após a guerra escoavam com facilidade a demanda de voos domésticos de passageiros de média distância. A partir da década de 1950, surgem os primeiros aviões comerciais a jato, como o Comet e o Boeing 707, que passaram a dominar as rotas transoceânicas.

Os fabricantes de aviões comerciais pesquisam continuamente maneiras de torná-los mais seguros, eficientes e silenciosos. Ao mesmo tempo, pilotos, controladores de espaço aéreo e mecânicos recebem treinamentos cada vez mais sofisticados.

No entanto, o congestionamento do tráfego aéreo mostra-se uma realidade palpável. O elevado nível de poluição atmosférica provocado pelo avião, bem como a poluição sonora presente nas áreas em volta dos aeroportos, o espaço tomado com a construção das infraestruturas e o elevado consumo de combustível são importantes questões que a utilização desse meio de transporte traz consigo e que ainda precisam ser equacionadas e urgentemente respondidas.

1 - 15
14

Aviões da Força Aérea Brasileira expostos no Parque do Ibirapuera, em São Paulo, 1956: na década de 40, havia o dobro de aviões militares em relação aos civis

O avião no Brasil

A partir de 1927, as linhas aéreas brasileiras começaram a ser operadas por empresas americanas, francesas e alemãs. O governo brasileiro limitava-se fiscalizar a operação e a conceder as linhas. Foi necessário um processo histórico, que passou pela criação do Departamento de Aviação Civil (DAC) e do Correio Aéreo Militar, além da adequação do avião à política de integração nacional, com mais de 300 campos de pouso construídos no interior do país entre 1934 e 1938, para que surgissem as primeiras companhias brasileiras.

Em 1945, cruzavam o céu do Brasil cerca de 800 aviões civis e 1.500 militares. O acesso ao mercado público era essencial para viabilizar a produção de aeronaves no país, não só porque a aviação militar possuía uma frota quase duas vezes maior que a civil, como porque a maioria das aeronaves civis eram compradas pelo governo, para distribuição aos aeroclubes.

Laboratório do Instituto Tecnológico de Aeronáutica (ITA), em São José dos Campos (SP): aqui o país formou sua mão de obra qualificada para criar uma indústria aeronáutica nacional bem-sucedida

Tecnologia "made in Brazil"

A criação do Instituto Tecnológico de Aeronáutica (ITA), em 1950, representou um passo essencial para o desenvolvimento da tecnologia aeronáutica no Brasil, que surgiu graças à política de compras do governo, combinada com o investimento em pesquisa tecnológica. Foi essa mobilização que promoveu o surgimento e crescimento das empresas nacionais.

Dessa forma, o governo detinha em suas mãos todos os instrumentos de política para o setor. Quando a Segunda Guerra Mundial terminou, acabou com ela a forte motivação militar que dera sustentação à implantação da indústria no país. Ao mesmo tempo, a política econômica, até aquele momento pautada pelo intervencionismo estatal e pelo apoio ao desenvolvimento industrial do governo Vargas, cedia vez agora à forte tendência liberal do governo Dutra.

A despeito disso, a extensão do país e a precariedade de outros meios de transporte incentivaram a expansão da aviação comercial. Em 1960, o Brasil já possuía a rede comercial com maior volume do mundo em tráfego, depois dos Estados Unidos.

Porém, até a criação da Embraer, em 1969, a atuação da indústria brasileira limitava-se à montagem de aeronaves, com algum índice de nacionalização de componentes, partes e peças. Esse panorama mudou quando a Embraer foi criada para fabricar o Bandeirante.

A Embraer foi uma iniciativa do governo brasileiro para implementar a indústria aeronáutica no país. Criada por decreto, como empresa de capital misto, foi privatizada em 1994.

Aeroclube no Brasil

Fundado em 1911, tendo na presidência de sua primeira diretoria, como sócio fundador, Alberto Santos-Dumont, o Aeroclube Brasileiro foi a primeira escola de aviação do Brasil. Reunia grandes pilotos civis e militares, além de políticos, professores e homens de negócios, pois a aviação despertava grande encantamento na população e detinha a aprovação dos militares. O Aeroclube estimulou a criação de escolas de aviação pelo Brasil. Em 1931, dado o número de escolas de pilotagem e de aviões comerciais, foi criado o Departamento de Aeronáutica Civil no Ministério de Viação e Obras Públicas, que passou a controlar e regulamentar as atividades aéreas civis, esvaziando a função normativa do Aeroclube.

Área de montagem dos jatos em um dos hangares da Embraer, em São José dos Campos (SP)

A sede da empresa fica no Estado de São Paulo, na cidade de São José dos Campos, próxima ao principal centro de formação da indústria aeronáutica, o Instituto Tecnológico de Aeronáutica (ITA). A empresa tem unidades também na China, Estados Unidos, Cingapura, Portugal e França.

A Embraer conquistou projeção nacional e internacional com os aviões Bandeirante, Xingu e Brasília, que ganharam o mercado brasileiro e americano. Projetado para atender às necessidades da aviação regional, o Bandeirante podia operar em pistas de terra, com a mínima infraestrutura e com pouco auxílio à navegação. Em 1965, não havia nenhum avião similar disponível no mercado internacional.

O grande sucesso alcançado pelo Bandeirante estimulou a Embraer a desenvolver o EMB-120 Brasília, bimotor turboélice, pressurizado, para 30 passageiros. As novas tecnologias de materiais, equipamentos de bordo digitais e outras modernizações técnicas angariaram um volume expressivo de vendas do aparelho. O bom resultado comercial não só projetou definitivamente a Embraer no mercado internacional, como capacitou-a, industrial e comercialmente, para desenvolver aeronaves de grande porte e complexidade.

A partir de 1973, a Embraer decidiu lançar-se num programa de substituição de importações de aviões leves. A partir de 1967, o Brasil passou a importar aeronaves de quatro lugares. Em 1972, o nú-

Linha do tempo da aviação nacional

1927

Surge a Condor Syndikat, empresa nacionalizada durante a Segunda Guerra como Serviços Aéreos Cruzeiro do Sul. A empresa, que seria absorvida pela Varig em 1975, foi a primeira empresa no Brasil a transportar passageiros no hidroavião Atlântico, que fazia a "Linha da Lagoa", entre Porto Alegre, Pelotas e Rio Grande

1927

Surge a Varig (Viação Aérea Riograndense), inicialmente uma empresa regional que ligava Porto Alegre a Pelotas, Bagé, Uruguaiana e outras cidades do Rio Grande do Sul a Montevidéu, no Uruguai

1929

A Nyrba do Brasil S.A., subsidiária de uma empresa americana, foi incorporada pela Pan AM, em 1930, e transformou-se em Panair do Brasil, com uma linha semanal entre Belém e Santos. Nos anos 40, a Panair tinha uma frota de 18 aparelhos: nove aviões, seis hidroaviões, um avião de treinamento e dois aviões anfíbios

mero de aviões importados ultrapassava 200 unidades. Em 1973, a expansão da fronteira agrícola para as regiões Centro-Oeste e Norte fez a demanda saltar para 508 aeronaves.

Ainda nesse ano, o primeiro choque do petróleo obrigou o governo federal a voltar sua política econômica para a substituição de importações e a criar o Pró-Álcool, a fim de substituir a gasolina. Foi nesse momento de restrição das importações que a Embraer, buscando parceria estrangeira para a produção de aviões leves, conseguiu, em dois anos apenas, começar a vender o Bandeirante para o Uruguai. Dez anos depois, em 1986, as exportações atingiam a casa de US$ 1 bilhão.

Avião Bandeirante da Embraer: com mais de 500 unidades vendidas, gerou *know-how* para a empresa investir em outro modelo de aviação executiva, o Brasília

Panorama da aviação nacional

As maiores empresas aéreas comerciais brasileiras são TAM, Gol e Varig (esta controlada pela segunda). Novas empresas aéreas, como WebJet (também adquirida pela Gol), Passaredo, Trip, Azul e Ocean Air, estão entrando na competição com as grandes. Com o aumento da concorrência, foi possível melhorar o serviço e reduzir as tarifas e um grande número de empresas internacionais, passou a operar nos aeroportos brasileiros.

1933

A Vasp (Viação Aérea São Paulo) iniciou como uma empresa regional. Em 1936, passou a fazer voos regulares entre Rio de Janeiro e São Paulo, linha de maior tráfego da aviação brasileira

1955

A Transbrasil foi uma das três maiores companhias aéreas brasileiras e começou como subsidiária do Grupo Sadia de alimentos

1976

Surge a TAM, a partir de uma empresa de táxi aéreo focada inicialmente no mercado de cargas pequenas entre São Paulo, Paraná e Mato Grosso do Sul, operando com quatro aviões Cessna. Em quatro décadas, a TAM se tornaria a maior empresa de transportes aéreos da América Latina

2001

Criação da Gol, que em poucos anos se tornaria a segunda maior empresa aérea do país. A Gol ganhou mercado ao apresentar tarifas mais baixas, proporcionadas pela diminuição dos serviços de bordo

↑ Apagão aéreo em 2007: crise no transporte aéreo foi provocada pelo aumento da demanda sem investimentos na infraestrutura

← ← Avião Legacy 600, da Embraer: construído em 1990, foi concebido para disputar o rico mercado da aviação executiva

Em 2006, um Boeing 737 da Gol e um Embraer Legacy chocaram-se a uma altitude de 37 mil pés (cerca de 11 quilômetros de altitude). O Legacy, mesmo avariado na colisão, conseguiu pousar em uma base militar na Serra do Cachimbo, no sul do Pará. Já os 154 passageiros a bordo do avião da Gol faleceram no acidente. O desastre revelou a precariedade do setor do transporte aéreo no país e provocou a CPI do Apagão Aéreo.

A partir de então, a expressão caos aéreo tornou-se corrente nas notícias sobre os aeroportos brasileiros. Controladores de voo insatisfeitos com as condições de trabalho, "buracos negros" no sistema de controle e comunicação dos radares, diminuição no número de voos por hora, passageiros dormindo em bancos ou no chão dos aeroportos, atrasos e cancelamentos e filas gigantescas nos check-ins passaram a frequentar o noticiário, ao mesmo tempo em que um período de crescimento econômico e melhor distribuição de renda introduzia novos consumidores no até então restrito mercado de passagens aéreas.

Para driblar os problemas trazidos pelo grande crescimento do setor aéreo, o governo estuda conceder a ampliação e exploração dos aeroportos de Guarulhos, Viracopos e Brasília à iniciativa privada por um período de 20 anos.

Aeroportos do Brasil

FONTE: IBGE, 2005

Eles fizeram história

De Havilland Comet

Primeiro avião a jato comercial da história da aviação, o britânico De Havilland Comet estreou em 1952 em voos de passageiros. Inicialmente, foi um sucesso comercial, mas a explosão de duas aeronaves, em 1954, fez as vendas caírem drasticamente. Um terceiro acidente acabou de vez com a confiabilidade do Comet

Constellation

Ao todo foram construídos 856 unidades em quatro modelos deste avião americano muito utilizado para transporte de passageiros e como avião militar entre 1943 e 1958

Boeing 707

Sucesso completo, com uma cifra de 1.010 aeronaves produzidas, o jato 707 elevou a Boeing à posição de maior fabricante de aviões do mundo

Vickers VC-10

Produzidos pela britânica Vickers, os VC-10 entraram em operação em 1962 e na época do lançamento foram apresentados como "sereno e silencioso", para os padrões da época

Airbus

Maior empresa de aviões comerciais da Europa, surgiu em 1967 a partir da união de construtores franceses, ingleses e alemães. O modelo de mais sucesso é o A 300

Boeing 747

O primeiro widebody da história da aviação. O modelo widebody tem três fileiras de assentos: um par próximo às janelas e três assentos no meio da nave. Essa disposição facilita o movimento de passageiros e tripulantes. O Boeing 747 transporta mais de 500 passageiros em um único voo. Seu tamanho gigantesco rendeu-lhe o apelido de Jumbo. Foi o primeiro a apresentar dois andares em parte da aeronave

Boeing 767

Por causa de seu longo alcance e baixos custos operacionais, o Boeing 767 popularizou as viagens transatlânticas. Ele abriu a possibilidade de oferecer a 196 passageiros voos regulares não só em rotas transatlânticas, como em rotas anteriormente impraticáveis em razão dos altos custos. Continua a ser a aeronave que mais cruza o Oceano Atlântico

Concorde

O único avião supersônico comercial a ser utilizado com sucesso em rotas comerciais. Começou a voar em 1969, servindo rotas transatlânticas

Mobilidade

nas grandes cidades

São Paulo, 1930: veículos cruzam o Viaduto do Chá, em um cenário ainda distante da megalópole de 10 milhões de habitantes do fim do século 20

A Índia é conhecida pelo seu trânsito caótico. O altíssimo índice populacional dificulta a organização da malha urbana

Na região do Rajastão, na Índia, as crianças usam transporte escolar criado pelo carpinteiro Mewaram Jangid, que é movido a dromedário

Em todos os países do mundo, as autoridades responsáveis pela gestão de cidades de médio e grande porte precisam reunir recursos financeiros e tomar decisões técnicas que garantam à população acesso ao trabalho, à escola, aos centros de atividade, aos postos de saúde e demais serviços existentes nas cidades.

As decisões dos gestores em relação ao transporte atingem diretamente a sociedade, não só porque esse item consome, geralmente, de 10% a 30% dos recursos das famílias carentes, mas também porque toca em outras questões fundamentais. O nível de poluição atmosférica e sonora, os congestionamentos, o número de horas dedicadas ao lazer com a família e o nível de estresse diário enfrentado para se locomover são, entre outras, questões relacionadas às formas de locomoção disponíveis em uma determinada região.

Quanto menos desenvolvido o país, mais notável é a ausência de uma política de gerenciamento dos espaços públicos. Consequentemente, maior a variedade de modalidades de deslocamentos e maior o número de atividades informais. O efeito da falta de uma política de planejamento urbano são vias públicas altamente congestionadas e pedestres mais vulneráveis a acidentes.

THE BANK THAT CARES
Grindlays Bank
DELUXE
SUITINGS SHIRTINGS
NO PARKING TOWAWAY ZONE
Bata Bata
SHOWROOM
WATCHES
Corona
Public Carrier
DHG 6980

O Brasil já é o quinto maior produtor de caminhões do mundo e o mercado interno cresceu 50% de 2009 a 2010, sustentado pela expansão do agronegócio e o aumento do consumo de alimentos

Novos veículos e fontes de energia

O transporte individual motorizado, o grande sonho de consumo do início do século 20, enfrenta seu momento de questionamento, seja pela poluição que gera, seja pela dificuldade cada vez maior de circulação nos espaços urbanos. Para evitar os congestionamentos cada vez mais intensos e reverter o quadro de poluição, o ideal seria reduzir drasticamente o uso desses veículos.

No entanto, o que vem acontecendo é justamente o contrário: temos uma produção mundial sem precedentes de carros, alavancada pelo poder econômico da indústria automobilística, que busca fabricar modelos inovadores para consumidores cada vez mais exigentes. Como as ruas das cidades não se multiplicam nem podem ser alargadas, o único espaço para novas vias se encontra nas periferias das grandes cidades. Mas isso obriga os moradores a maiores deslocamentos, agravando ainda mais os efeitos do tráfego intenso. O que se percebe, portanto, é o esgotamento do transporte individual em ambientes urbanos. No entanto, potências emergentes e tradicionais continuam com suas economias fortemente apoiadas na indústria automobilística.

A questão ambiental poderia ser enfrentada com modelos mais eficientes e menos poluentes. Fala-se, já, na produção de veículos movidos a células de combustível, que substituiriam as baterias nos carros elétricos e podem ser abastecidas com combustíveis líquidos, em particular metanol e etanol. A montadora chinesa Byd pretende produzir oito milhões de carros elétricos até 2025.

Qualquer que seja a solução adotada, ela passará por uma revolução tecnológica que transforme boa parte da capacidade produtiva mundial e abra espaço para um grande volume de investimentos privados. Esse processo exigirá, por parte das cidades, uma adaptação aos novos veículos e suas diferentes dinâmicas, o que demandará pesados investimentos em tecnologia, novas fontes de energia e redes de transmissão.

Em qualquer país, os serviços correspondem ao triplo ou, ao menos, ao dobro da participação da indústria no Produto Interno Bruto (PIB). As empresas de serviços, que exigem contato humano direto, dependem do rápido deslocamento pela cidade. Assim, o novo desafio na gestão das cidades é encontrar uma forma de resolver essa difícil equação, para garantir a manutenção da mobilidade urbana.

Para a revista *Time*, São Paulo é "a cidade com os piores congestionamentos do mundo". Em junho de 2009, a cidade quebrou seu próprio recorde, com 293 quilômetros de vias congestionadas

Como as pessoas se deslocam

Alguns exemplos de como as pessoas estão se locomovendo pelas cidades do mundo

Carros

Os efeitos dos derivados do petróleo e a necessidade de mudar a fonte de energia estão na origem das pesquisas envolvendo o carro movido a eletricidade. O motor elétrico não produz barulho e nenhum gás poluente. Essas vantagens ambientais angariam crescentes incentivos governamentais. Seja como for, europeus e japoneses provavelmente preservarão suas cadeias metal-mecânicas, suas exportações, seu mercado interno e o controle tecnológico nacional sobre as novas formas de operação do grande instrumento de mobilidade individual, o automóvel.

Ônibus e bondes

A maior vantagem dos ônibus no transporte urbano reside em sua flexibilidade, pois as companhias de transporte estabelecem a rota e os pontos de parada conforme o número aproximado de passageiros nas áreas que servem. O ônibus tem a vantagem de possuir o menor volume per capita de emissão de dióxido de carbono (CO_2), pois atende um volume maior de passageiros do que o carro e a moto. Já o bonde tem a vantagem da emissão zero de carbono.

Ônibus urbano em Itamaracá (PE): essencial para a mobilidade urbana

Os primeiros coletivos

Os critérios que norteiam até hoje o transporte público coletivo foram definidos em 1662. O filósofo e matemático Blaise Pascal, que conseguiu uma licença do rei Luís 14 para explorar cinco rotas com carruagens, precisava cumprir quatro exigências:

- Obedecer horários regulares de saídas, mesmo sem passageiros.
- Cobrar de cada ocupante por seu lugar, independentemente do número de lugares ocupados nos carros.
- Dividir a rota em cinco setores, a cinco centavos cada setor percorrido.
- Não aceitar ouro como pagamento, para evitar atrasos.

O francês Blaise Pascal, que ganhou a concessão para operar um sistema de transporte público realizado por carruagens em Paris, em 1662

Sobre duas rodas

Os congestionamentos, o gasto de tempo e combustível que representa, bem como as facilidades de crédito, incentivam muitos moradores das cidades a optarem pela motocicleta como opção de transporte. Esse fenômeno aconteceu, por exemplo, na Ásia. O resultado foi catastrófico, considerando que as vias continuaram entupidas, a moto polui 40 vezes mais que o ônibus e o número diário de vítimas em acidentes tende a crescer, pela fragilidade do veículo e pelo número de usuários.

O Brasil tem o maior número de motoboys do mundo. Só no Estado de São Paulo são mais de 900 mil profissionais. Essa realidade levou à regulamentação da profissão, que cresceu com a onda de terceirizações. A agilidade do serviço tornou-o uma opção para o cidadão driblar os efeitos da lentidão do trânsito. Só na capital paulista circulam cerca de 200 mil motoboys

A vantagem dos corredores de ônibus

Uma saída adotada por muitas cidades para aumentar a capacidade do sistema consiste em construir vias exclusivas para ônibus.

Os corredores do ônibus foram utilizados no sistema de transporte urbano de Curitiba, considerado um dos pioneiros em modernização e restruturação do transporte urbano no Brasil. Criado nos anos 1970, o sistema de Curitiba é o precursor do BRT, sigla em inglês para Bus Rapid Transit, sistemas de transporte coletivo urbano que usa corredores exclusivos para circulação dos ônibus. Essas vias exclusivas, chamadas tecnicamente de "troncais", cruzam a cidade em vários sentidos. É nelas que estão os terminais de transbordo, de onde partem os ônibus que circulam nos bairros.

Desde a década de 1980, Curitiba adota a integração físico-tarifária, sistema em que o passageiro paga a tarifa ao entrar na estação. Uma vez dentro, ele pega qualquer ônibus que passa por ali. Pode descer em outra estação ou em um terminal e embarcar em outro ônibus, de qualquer linha, sem pagar nova tarifa. Para que isso ocorra é necessário que a conexão com o outro ônibus seja realizada dentro de um dos terminais de integração na cidade de Curitiba e nos terminais de integração situados em algumas cidades da Região Metropolitana, ou em uma estação-tubo em que fazem parada várias linhas de ônibus. A evolução desse sistema de integração é o adotado pelo Bilhete Único de São Paulo, com o qual o passageiro pode fazer até quatro viagens no período de três horas, ao custo de apenas uma tarifa, e não mais apenas em alguns terminais, como em Curitiba.

Várias cidades do mundo basearam-se no sistema de transporte idealizado e implantado em Curitiba. Algumas delas são Bogotá (Colômbia), Los Angeles (Estados Unidos) e Santiago (Chile).

Nas estações-tubo o passageiro paga a tarifa ao entrar na estação. Depois de pegar o ônibus, ele pode descer em outra estação ou em um terminal e embarcar em outro ônibus, de qualquer linha, sem pagar nova tarifa

Na cidade, de bicicleta

Em Dublin, na Irlanda, 11% da população usa bicicleta para ir ao trabalho. Na Suécia, apesar do frio, 33% dos 115 mil habitantes de Västerås também se deslocam com bicicleta, e na Suíça, 23% dos 230 mil habitantes da Basileia preferem o transporte em duas rodas. Porém, os grandes líderes são a Dinamarca e a Holanda, países planos nos quais a população faz uso disseminado das bicicletas. Cada habitante holandês percorre nada menos que uma média de 1.019 quilômetros a cada ano. Em Amsterdã, 50% da população realiza seus deslocamentos em bicicletas. Ao todo, o país possui mais de 20 mil quilômetros de ciclovias. As ruas e avenidas também possuem faixas e semáforos especiais para os ciclistas. Para uma nação com grande densidade populacional como a Holanda, a opção por esse tipo de transporte parece ter sido a mais acertada para evitar enormes congestionamentos e altos índices de poluição. O Brasil possui apenas 600 quilômetros de ciclovias. No entanto, o Ministério das Cidades, por meio do Programa Brasileiro de Mobilidade Bicicleta Brasil, financia projetos como a construção de ciclovias e a criação de faixas de pedestres e passarelas, bem como manuais de orientação aos municípios que desejarem adotar a bicicleta como forma de deslocamento.

Amsterdã, Holanda: exemplo de multiplicidade de meios de transporte urbano, nela pedestres convivem com bicicletas, motos, bondes, trens urbanos, barcos, metrô e, até, carros

Sobre trilhos nas cidades

A adoção da tecnologia ferroviária em vias subterrâneas proporcionou uma grande eficiência aos sistemas de transportes públicos nas cidades porque permitiu transportar um grande volume de passageiros a uma grande velocidade e, ao mesmo tempo, liberar a superfície para outros meios de transporte.
No Brasil, a primeira linha de metrô foi inaugurada apenas em 1974, na cidade de São Paulo, enquanto em Buenos Aires esse sistema já existe desde 1913.
Apesar de ser muito vantajoso no aspecto ambiental e ideal para o transporte de massa, o metrô requer altos investimentos e, portanto, só se viabiliza economicamente em rotas de alta densidade. Já o trem faz o transporte público interurbano e cobre rotas entre pontos bem afastados. Geralmente de responsabilidade nacional, pode ser de responsabilidade regional se usado como meio de transporte de passageiros em grandes cidades ou entre cidades próximas.

↑ A inauguração do metrô de Londres, em 1863, estabeleceu um novo paradigma em termos de transporte público

↓ No Brasil, a balsa entre Santos e Guarujá é muito usada. Em Portugal, é conhecida a ligação feita por "cacilheiros" e catamarãs

O transporte por balsa

As balsas, também conhecidas como *ferry boats*, geralmente cobrem conexões, em cidades com presença de água, seja mar ou rio. No Brasil, as balsas que fazem o transporte de passageiros e carros entre Santos e Guarujá e entre Niterói e Rio de Janeiro são muito usadas pelas populações destas cidades.

Companheiros dos homens desde a Antiguidade, os camelos ainda são usados como meio de transporte urbano no norte da África, Oriente Médio, na Índia e na China ocidental

Adaptado ao regime do semiárido nordestino, o jegue aos poucos foi desaparecendo das vias urbanas, embora ainda seja usado na zona rural

Camelo, jegue, jumento...

Original do deserto, o jegue adaptou-se perfeitamente ao clima árido e à alimentação grosseira e escassa disponível nas regiões Norte e Nordeste do Brasil. Por isso, durante muito tempo foi o melhor meio de transporte de pessoas e cargas. Ainda são vistos nas ruas e avenidas da terceira maior cidade do país, Salvador, mas já foram praticamente substituídos pelos veículos movidos a derivados de petróleo.

Um pioneiro, o bonde

O bonde, ou eléctrico, com o chamam em Portugal, movimenta-se sobre trilhos implantados no solo e alimenta-se da energia elétrica que chega ao veículo por meio dos cabos de eletricidade instalados ao longo da rota. Portanto, além de transportar mais passageiros do que um ônibus não articulado, o bonde não polui diretamente o meio ambiente. Na Alemanha, o Auto Tram combina os benefícios dos dois veículos, ônibus e bonde. Semelhante ao trólebus, ele roda sobre pneus de borracha e, em vez de trilhos, segue uma linha branca pintada no asfalto.

No Brasil, o bonde já foi muito utilizado nas principais cidades, em especial em Santos, onde foi o principal meio de transporte da cidade até a Segunda Guerra Mundial. O serviço de bonde de Santos foi responsável pela introdução de diversas inovações, entre elas a numeração das linhas e a implantação das linhas noturna e expressa, que depois foram introduzidas em outras cidades do país.

Passageiros se agarram como podem na traseira de um bonde elétrico na cidade do Cairo, no Egito. Com a pressão contra os combustíveis fósseis aumentando, eles devem voltar às cidades

Créditos das imagens*

As letras indicam a posição das imagens nas páginas, da esquerda para a direita, de cima para baixo.

Capa: Trem: Arquivo/Agência Estado/AE; **Avião**: Divulgação/Embraer; Navio: Arquivo/Agência Estado/AE; **Caminhão**: Acervo UH/Folhapress
Pág. 02-03 William Helburn/Corbis.
Pág. 06-07 Arquivo Agência Estado/AE.
Pág. 08-09 Divulgação.

Da roda à vela

Pág. 10-11 The Granger Collection, New York/Other Images. **Pág. 12-13** Brazil South America 1886/Roger-Viollet/Glow Images/ImagesPlus. **Pág. 14a** The Granger Collection, New York/Other Images. **Pág. 14b** PORTINARI Candido (1903 -1962). Titulo: Café – 1925, óleo sobre tela - Rio de Janeiro- Brazil/National Museum of Fine Arts/AISA/World Illustrated/Photoshot/Other Images. **Pág. 15** Standard of Ur (2600 BC), Mesopotamia, British Museum, London. England. UK./AGE RM/Other Images. **Pág. 16a** Edu LYRA/Pulsar Imagens. **Pág. 16b** Reprodução. **Pág. 16c** Istockphoto. **Pág. 16d** Alfredo Dagli Orti/The Picture Desk/AFP ImageForum. **Pág. 16e** Reprodução. **Pág. 17a** Reprodução. **Pág. 17b** Reprodução. **Pág. 17c** Reprodução. **Pág. 17d** Istockphoto. **Pág. 18a** Vasco da Gama's fleet of 1497/Patick Landmann/Science Photo Library/LatinStock/Corbis. **Pág. 18b** Gouyacourous cavalry charge, 1834 engraving by J. B. Debret The Art Archive/Biblioteca National do Rio de Janeiro Brazil/Gianni Dagli Orti/AFP ImageForum. **Pág. 18c** Reprodução. **Pág. 18d** Collection Roger-Viollet/AFP ImageForum. **Pág. 19a** Acervo Biblioteca Nacional. **Pág. 19b** Reprodução.

A força das invenções

Pág. 20-21 Roger-Viollet/AFP ImageForum. **Pág. 22a** Reprodução. **Pág. 22b** Reprodução. **Pág. 23** Roger-Viollet/AFP ImageForum. **Pág. 24a** Ann Ronan Picture Library/Photo12/AFP ImageForum. **Pág. 24b** Ann Ronan Picture Library/AFP ImageForum. **Pág. 25a** Ilustração: Roberto Morgan/Horizonte. **Pág. 25b** Reprodução. **Pág. 26a** AFP Photo/The Henry Ford And Ford Motor Company/Restricted To Editporial Getty Out . **Pág. 26b** Roger-Viollet/AFP ImageForum. **Pág. 26c** Reprodução. **Pág. 26d** Ann Ronan Picture Library/Photo12/AFP ImageForum. **Pág. 27a** Buyenlarge-Contributor/Archive Photos /Getty Images. **Pág. 27b** Reprodução. **Pág. 27c** SSPL via Getty Images. **Pág. 27d** APIC/Hulton Archive Collection/Getty Images. **Pág. 28a** AFP. **Pág. 28b** Reprodução. **Pág. 29a** Roger-Viollet/AFP ImageForum. **Pág. 29b** Alexandre Campbell/Folhapress.

O transporte ferroviário

Pág. 30-31 AFP. **Pág. 32** Juca Martins/Olhar Imagem. **Pág. 32-33** Delfim Martins/Pulsar Imagens. **Pág. 34** Heritage/Imagestate/The Print Collector/Glowimages. **Pág. 35** Genevieve Naylor/Corbis. **Pág. 36** AFP Photo/Juan Mabromata. **Pág. 36-37** AGE RM/Other Images. **Pág. 38-39** Agência Vale. **Pág. 40a** Marc Ferrez/Coleção Gilberto Ferrez/Acervo Instituto Moreira Salles. **Pág. 40b** Reprodução. **Pág. 40c** Amaral, Tarsila /*Estrada de Ferro Central do Brasil*, 1924. Óleo sobre tela, 142 x 100,2 cm/AFP Image Fórum. **Pág. 41a** Luiz Carlos Murauskas/Folhapress. **Pág. 41b** Acervo Biblioteca Nacional. **Pág. 41c** João Correia Filho. **Pág. 42a** Divulgação. **Pág. 42b** Divulgação. **Pág. 42c** Agência Vale. **Pág. 43a** Juca Martins/Olhar Imagem. **Pág. 43b** Palê Zuppani/Pulsar Imagens. **Pág. 43c** Reprodução. **Pág. 44.** Gerd Ludwig/Corbis. **Pág. 45a** Bertrand Gardel/Hemis/Corbis. **Pág. 45.b** AFP Photo/Peter PARKS. **Pág. 46.a** AFP Photo/Ben Stansall. **Pág. 46.b** José Fuste Raga/Corbis. **Pág. 47.** João Correia Filho/Horizonte. **Pág. 48a** Arquivo/Agência Estado/AE. **Pág. 48b** Renata Mello/Olhar Imagem.

O transporte rodoviário

Pág. 50-51 Mauricio Simonetti/Pulsar Imagens. **Pág. 52** Getty Images. **Pág. 53** Acervo UH/Folhapres. **Pág. 54** Divulgação. **Pág. 55** Arquivo/Agência Estado/AE. **Pág. 56a** Divulgação. **Pág. 56b** Divulgação. **Pág. 57a** Divulgação. **Pág. 57b** Divulgação. **Pág. 58a** DPA/AFP ImageForum. **Pág. 58b** Arquivo/FolhaPress. **Pág. 58c** Divulgação. **Pág. 58d** Harouna Traore/A GAZETA/ES/AE. **Pág. 58e** Arquivo/FolhaPress. **Pág. 59a** Arquivo/Agência Estado/AE. **Pág. 59b** Divulgação. **Pág. 59c** Ruy Costa/Acervo UH/Folhapress. **Pág. 59d** Albari Rosa/Gazeta Do Povo/AE/. **Pág. 60a** Reprodução. **Pág. 60b** Divulgação.

Pág. 60c Arquivo/Agência Estado/AE. **Pág. 60d** Divulgação. **Pág. 61a** Daniel Cymbalista/Pulsar Imagens. **Pág. 61b** Divulgação. **Pág. 61c** Divulgação. **Pág. 61d** Divulgação. **Pág. 62-63** Corbis. **Pág. 62a** Divulgação. **Pág. 62b** Divulgação. **Pág. 62c** Divulgação. **Pág. 63a** Fernando Pimentel/Agência Estado/AE. **Pág.63b** Divulgação. **Pág. 63c** Divulgação. **Pág.63d** Divulgação. **Pág.64a** Reprodução. **Pág.64b** Divulgação. **Pág.64c** Divulgação. **Pág.64d** Divulgação. **Pág.65a** Augusto Malta/Acervo Instituto Moreira Salles. **Pág.65b** Divulgação. **Pág.65c** Divulgação. **Pág.65d** Divulgação. **Pág.66-67** Reprodução. **Pág.66a** Niels Andreas/Folhapress. **Pág.66b** Divulgação. **Pág.66c** Divulgação. **Pág67a** Divulgação. **Pág.67b** Divulgação. **Pág.68-69** Arquivo/Agência Estado/AE. **Pág.68a** Alexandre Tokitaka/Pulsar Imagens. **Pág.68b** Divulgação. **Pág.68c** Silva Junior/Folhapress. **Pág.69a** Divulgação. **Pág.69b** Divulgação. **Pág.70-71** Izan Petterle/SambaPhoto. **Pág.72** Ricardo Azoury/Pulsar

O transporte marítimo

Pág. 74-75 Augusto Monteiro/Coleção Brascan Cem Anos no Brasil/Acervo Instituto Moreira Salles. **Pág. 76-77** Jane Sweeney/JAI/Corbis/Corbis (DC)/Latinstock. **Pág. 78** Obra de W. Smyth e F. Lowe de 1836/Acervo Biblioteca Mário de Andrade. **Pág. 79** Reprodução. **Pág. 80a** Fernando Donasci/ Folhapress. **Pág. 80b** Reprodução: Jaime Aciolly. **Pág. 81** Renata Mello/Pulsar Imagens. **Pág. 82a** Acervo Biblioteca Nacional. **Pág. 82b** Reprodução. **Pág. 83a** Valdemir Cunha/ Horizonte. **Pág. 83b** Reprodução. **Pág. 83c** Reprodução. **Pág. 84a** Divulgação. **Pág. 84b** Agência Brasil. **Pág. 84c** Reprodução. **Pág. 85** João Correia Filho/Horizonte. **Pág. 86a** Jonne Roriz/Agência Estado/AE. **Pág, 86b** Istockphoto. **Pág. 88a** Agência Petrobras. **Pág. 88b** Agência Petrobras. **Pág. 89a** Istockphoto. **Pág. 89b** H2o-Images/Alamy. **Pág. 90a** Divulgação. **Pág. 90b** Divulgação. **Pág. 91a** Robert Quinlan /Alamy. **Pág. 91b** Marcio Lourenço/Pulsar Imagens. **Pág. 92a** Mauricio Simonetti/Pulsar Imagens. **Pág. 92b** AFP Photo/US Navy News Photo/Chuck Bell. **Pág. 93a** Fernando Rodrigues/ Folhapress. **Pág. 93b** Ernesto Reghran/Pulsar Imagens.

O transporte aéreo

Pág. 94-95 Reprodução. **Pág. 96-97** Custódio Coimbra/Agência O Globo. **Pág. 98** Reprodução. **Pág. 99a** Roger-Viollet/ AFP ImageForum. **Pág. 98-99** Roger-Viollet/AFP ImageForum. **Pág. 100a** Roger-Viollet/AFP ImageForum. **Pág. 100b** Arquivo/Agência Estado/AE. **Pág.101** Robert Harding Picture Library Ltd/Alamy. **Pág. 102a** Reprodução. **Pág. 102b** Tiago Queiroz/Agência Estado/AE. **Pág. 103** Reprodução. **Pág. 104a** Divulgação/Embraer. **Pág. 104b** Reprodução. **Pág. 104c** Reprodução. **Pág. 104d**. Delfim Martins/Pulsar Imagens. **Pág. 105a** Divulgação/Embraer. **Pág. 105b** Reprodução. **Pág. 105c** Divulgação. **Pág. 105d** Divulgação. **Pág. 106-107** Divulgação/Embraer. **Pág. 108**. Caetano Barreira/Olhar Imagem. **Pág. 110.** Roger-Viollet/AFP ImageForum. **Pág. 111a** AFP Photo Archives. **Pág. 111b** Roger-Viollet/AFP ImageForum. **Pág. 111.c** Steve Lightstone /HO/AFP ImageForum. **Pág. 112a** Martin Rose/AFP ImageForum. **Pág. 112b** Paul Andrew Lawrence /Alamy. **Pág. 113a** Tom Mareschal/Alamy. **Pág. 113b** Sandy Young /Alamy.

Mobilidade nas grandes cidades

Pág. 114-115 Arquivo/Agência Estado/AE. **Pág. 116** Barcroft Media/Getty Images. **Pág. 117** Jean Kugler/Spectrum/ GlowImages. **Pág. 118** Divulgação. **Pág. 119** Daniel Marenco/ Folhapress. **Pág. 120a** Rodolfo Buhrer/Fotoarena/Folhapress. **Pág. 120b** Divulgação. **Pág. 121a** Reprodução. **Pág. 121b** Ricardo Nogueira/Folhapress. **Pág. 122** Divulgação. **Pág. 123** Istockphoto. **Pág. 124a** Roger-Viollet/AFP ImageForum. **Pág. 124b** Marcio Lourenço/Pulsar Imagens. **Pág. 125a** AFP ImageForum. **Pág. 125b** Adriano Gambarini/Olhar Imagem. **Pág. 125c** Mohammed Al-Sehiti/AFP ImageForum.

Bibliografia

Livros

GORDINHO, Margarida Cintra.
Transportes no Brasil. São Paulo, Editora Marca D'Água, 2003.

GRUZINSKI, Serge.
1480 – 1520: A Passagem do Século. Coleção Virando Séculos. São Paulo, Companhia das Letras, 1999.

PESAVENTO, Sandra J.
Exposições Universais – Espetáculos da Modernidade do Século XIX. São Paulo, Hucitec, 1997.

PLATT, Richard.
Inventions – from the First Stone Tools to Satelites and Superconductors. Nova York, DK Publishing, 1994.

PHILBIN, Tom.
As 100 Maiores Invenções da História – Uma Classificação Cronológica. Rio de Janeiro, Difel, 2006.

SEVCENKO, Nicolau.
A Corrida para o Século XXI – No Loop da Montanha-Russa. Coleção Virando Séculos. São Paulo, Companhia das Letras, 2001.

VASCONCELOS, Eduardo A.
Transporte Urbano, Espaço e Equidade. São Paulo, Editoras Unidas, 1996.

______________, Eduardo A.
Transporte Urbano nos Países em Desenvolvimento – Reflexões e Propostas. São Paulo, Editoras Unidas, 1996.

______________, Eduardo A.
Circular É Preciso, Viver Não É Preciso. São Paulo, Editora AnnaBlume 1999.

______________, Eduardo A.
A Cidade, o Transporte e o Trânsito. São Paulo, Editora PROLivros, 2005.

YAZIGI, Eduardo.
O Mundo das Calçadas. São Paulo, Editora Humanitas, 2001.

Conduzindo o Progresso – A História do Transporte e os 20 Anos da NTU. Brasília, Escritório de Histórias, 2007.

Caminhos do Trem – Apogeu, Decadência e Retomada da Ferrovia no Brasil. São Paulo, Duetto Editorial, 2010.

Sites

Associação Nacional dos Fabricantes de Veículos Automotores (Anfavea) – www.anfavea.com.br/Index.html

Associação Brasileira de Fabricantes de Motocicletas, Ciclomotores, Motonetas, Bicicletas e Similares – www.abraciclo.com.br

Associação Brasileira das Empresas de Transporte Terrestre de Passageiros – www.abrati.org.br

Associação Nacional das Empresas de Transportes Urbanos (NTU) – www.ntu.org.br

Associação Nacional dos Fabricantes de Carroçarias para Ônibus – www.fabus.com.br

Associação Nacional de Transportes Públicos – www.antp.org.br

Associação Nacional de Transportes Terrestres – www.antt.gov.br

Companhia de Engenharia de Tráfego de São Paulo (CETSP) – www.cetsp.com.br

Companhia Brasileira de Trens Urbanos (CBTU) – www.cbtu.gov.br

Companhia do Metropolitano do Rio de Janeiro – www.metrorio.gov.br

Companhia do Metropolitano de São Paulo – www.metrosp.gov.br

Companhia Paulista de Trens Metropolitanos (CPTM) – www.cptm.sp.gov.br

Departamento Nacional de Trânsito (Denatran) – www.denatran.gov.br

Empresa de Trens Urbanos de Porto Alegre – www.trensurb.gov.br

Instituto Brasileiro de Geografia e Estatística (IBGE) – www.ibge.gov.br

Instituto de Pesquisa e Planejamento Urbano de Curitiba – www.ippuc.org.br

Ministério das Cidades – www.cidades.gov.br

União Internacional dos Transportes Públicos (UITP) – www.uitp.org

Agradecimentos

Destacamos a colaboração de Roberto Cortes, Marco Saltini e Tania Zevzikovas, da MAN Latin America.